Diana Dreeßen

Du musst nicht verreisen, um bei dir anzukommen

Wege zu einem selbstbestimmten Leben

dtv

Ausführliche Informationen über
unsere Autoren und Bücher
www.dtv.de

Dieses Buch ist auch als eBook erhältlich.

Von Diana Dreeßen sind bei dtv außerdem erschienen:
Mach dich unbeliebt und glücklich
Steh auf und nimm dein Leben in die Hand

MIX
Papier aus verantwortungsvollen Quellen
FSC® C083411
www.fsc.org

Originalausgabe

Umschlaggestaltung: Katharina Netolitzky/dtv
Satz: Greiner & Reichel, Köln
Gesetzt aus der Caecilia
Druck und Bindung: CPI – Ebner & Spiegel, Ulm
Gedruckt auf säurefreiem, chlorfrei gebleichtem Papier
Printed in Germany · ISBN 978-3-423-26176-0

Für alle die wunderbaren Leser,
die es verdient haben,
ein selbstbestimmtes Leben zu führen

Inhalt

KAPITEL 5

KAPITEL 6

KAPITEL 7

Vorwort

Normalerweise steht die Danksagung am Ende eines jeden Buches. Das ist hier nicht anders. Trotzdem möchte ich diesmal auch schon zu Beginn einen Dank loswerden, einen ganz besonderen.

Heimlich, still und leise hat sich nämlich eine neue Leidenschaft in mein Leben geschlichen: Das sind die persönlichen Treffen mit meinen Lesern. Es bewegt mich zu hören, welchen positiven Einfluss meine Bücher auf sie haben. Exzessive Ratgeberjunkies beteuern, dass mein Ton und mein lockerer, gelassener Stil sie dazu veranlasst haben, nach vielen vergeblichen Versuchen endlich wieder die Verantwortung für sich zu übernehmen und etwas an ihrem Denken und Handeln zu verändern. Diese Aussagen berühren mich jedes Mal aufs Neue im Herzen und motivieren mich dazu weiterzuschreiben. So ist für meine Stammleser und alle, die sich noch dazugesellen möchten, mein drittes Buch entstanden. Ihnen allen danke ich sehr. Gemeinsam werden wir nun eine Reise antreten, die Sie in die verborgenen Regionen Ihrer Innenwelt führen wird. Das Ziel ist also kein entferntes, sondern ein sehr, sehr nahes. Das Ziel sind Sie selbst.

Warum ist mir diese Reise so wichtig? Damit diese Welt ein kleines bisschen besser werden kann, wünsche ich mir, dass möglichst viele Menschen ein selbstbestimmtes und selbstbewusstes Leben führen können. Folgen Sie mir also in die nächsten Kapitel, damit mein Wunsch in Erfüllung gehen kann – für Sie.

Ihre Diana Dreeßen

EINLEITUNG

Atemlos durch den Tag

Als ich im November 2016 in meinem jährlich stattfindenden Führungsworkshop für Unternehmerinnen die Frage stellte, welches Ziel sie sich für das Jahr 2017 vorgenommen hatten, war ich über die Reaktionen mehr als verblüfft. In den Jahren davor bezogen sich die Antworten auf diese Eingangsfrage ausschließlich auf den gewünschten wirtschaftlichen Ertrag, die Außenwirkung, eventuelle Produkterweiterungen und neu zu erschließende Märkte. Dieses Mal sprach schon gleich die erste Unternehmerin darüber, dass sie die Aufgabe, einen größeren Umsatz zu generieren, mittlerweile gut im Griff habe. Ihr absolut größtes Problem in ihrem bewegten Arbeitsleben sei es vielmehr, so fuhr sie fort, keine Zeit mehr für Erholung und Regeneration zu finden. Die nächste Seminarteilnehmerin schlug thematisch in die gleiche Kerbe. Sie konnte sich nicht daran erinnern, in ihrem letzten Geschäftsjahr auch nur einen Tag mit erfrischendem »kreativen Nichtstun« verbracht zu haben. Wieder eine andere sprach darüber, das Gefühl des ewigen Gehetztseins nicht länger ertragen zu wollen. Sie empfinde ihr Leben schon seit einiger Zeit als ein unablässiges Rasen auf der Überholspur. Unter Tränen berichtete sie weiter, die Angst, bald keinen lebenserhaltenden Sprit mehr zur Verfügung gestellt zu bekommen, schnüre ihr fast die Kehle zu. Mit anderen Worten: Ihr Elan, ihr Engagement, ihre Begeisterung für ihre Arbeit und ihre Freude am Leben waren ihr verloren gegangen.

Je mehr Teilnehmerinnen mir die Eingangsfrage dieses

Workshops beantworteten, umso deutlicher wurde, dass wirklich alle anwesenden Frauen mit den absolut gleichen Herausforderungen in ihrem Alltagsleben zu kämpfen haben: Zum einen sind sie damit beschäftigt, ihr Unternehmen oder ihre Abteilung am Laufen zu halten, um Gewinne zu erzielen, und zum andern sorgen sie dafür, dass es allen ihren Lieben in ihrem unmittelbaren Umfeld an nichts mangelt. Sie setzen ihre persönlichen Bedürfnisse auf den letzten Platz ihrer Prioritätenliste und wundern sich darüber, warum ihnen die Luft zum Atmen fehlt.

Ja, und nun saßen sie an diesem trüben Novembertag in einem gemütlichen Workshop-Raum vor mir und hatten nur noch einen Wunsch: Ruhe zu spüren, Stille zu erfahren, Zeit für sich zu haben und, wenn es irgendwie möglich wäre, mit weniger Aufwand mehr Geld zu verdienen. Nun sollte man meinen, dass im Gegensatz zu den vielen Millionen Angestellten selbstständige Unternehmerinnen ihre Tages- und Wochenplanung frei gestalten können. Können sie theoretisch auch. Aber ehrlich gesagt, geht es ihnen nicht anders als allen fleißigen Arbeitnehmern: Sie sind wie sie in ihrem selbstgebauten Funktionsgefängnis gefangen. Auf dieses Gefängnis werde ich noch oft zu sprechen kommen. Was ist damit gemeint? Ein innerer Käfig, der irgendwann aus den zu hohen Ansprüchen und Anforderungen, die man an sich selbst stellt, entstanden ist. Gegossen sind die scheinbar unzerstörbaren Gitterstäbe aus dem Gefühl, nie gut genug zu sein, immer perfekt funktionieren zu müssen, Gewehr bei Fuß zu stehen, wenn ein nahestehender Mensch um Hilfe bittet, sowie aus der unklugen Eigenschaft, seine persönlichen Bedürfnisse immer nach hinten zu stellen. Wenn Sie in einem solchen Gefängnis sitzen, haben Sie die Zügel für Ihr Leben aus der Hand gegeben. Jetzt geht es darum, sie zurückzuerobern und einen Weg zu finden, so gut mit sich selbst umzugehen, wie Sie das mit Ihren liebsten Menschen praktizieren. Wie lässt sich das am besten bewerkstelligen?

Natürlich können Sie als spontane Notfallaktion nach Fernost fliegen, um sich einer vierwöchigen Ayurveda-Entgiftungskur zu unterziehen. Oder bei Ihrem Arbeitgeber ein Sabbaticaljahr beantragen, um dem stressigen Alltag für eine Weile zu entkommen. Sie können mich aber auch einfach durch das Buch begleiten und dabei erkennen (und akzeptieren), dass nur Sie die Verantwortung für Ihr momentanes Funktionsdrama tragen. Und dass Sie es durch irgendwelche Fluchtaktionen nicht verändern werden. Wenn Sie sich also (vielleicht auch gerade eben erst) dazu entschieden haben, dass Sie nicht mehr zu der Masse von Menschen gehören möchten, die atemlos durch den Tag rennen, dann lade ich Sie dazu ein, mit mir durch Ihre Innenwelten zu reisen, um an einem Entschleunigungsprogramm für Geist und Seele teilzunehmen.

Mit vielen verschiedenen, in der Praxis erfolgreich erprobten und teilweise sehr schnell greifenden Techniken werde ich Sie auf unserem gemeinsamen Weg immer wieder dazu ermuntern, sich von liebgewonnenen, aber leider nicht wirklich nützlichen Glaubenssätzen, Bewertungen, Vermutungen und Beurteilungen zu verabschieden und sich stattdessen mehr den kleinen, unscheinbaren, aber sehr wirkungsvollen Begebenheiten in Ihrem Leben zu widmen. Sie werden neue Seiten an sich entdecken, die

Sie nicht für möglich gehalten hätten, und kleine und große Wunder in Ihrem Leben wahrnehmen, die Ihnen vor wenigen Wochen gar nicht aufgefallen wären. Sie werden Ihre körpereigene Heilenergie kennenlernen und ins Staunen darüber kommen, welchen Einfluss sie auf Ihren Körper, Ihren Geist und Ihre Seele haben kann. Ich möchte Ihnen zeigen, dass es wirklich möglich und machbar ist, mit weniger Zeit- und Krafteinsatz mehr positive Lebenszeit und manchmal auch mehr Gewinn zu generieren. Den Einsatz und das Ergebnis bestimmen Sie!

Gerne unterstütze ich Sie dabei, für sich herauszufinden, welche Ursachen dafür verantwortlich sind, dass Sie sich wie in einem Käfig der inneren und äußeren Begrenzungen gefangen fühlen. Ich zeige Ihnen, wie Sie sich daraus befreien können. Natürlich hat das seinen Preis – wie eben alles im Leben. Sie benötigen Mut, Ausdauer, Ehrlichkeit und das Versprechen nicht aufzugeben, wenn einige Passagen im Buch Sie unangenehm berühren werden. Dafür bekommen Sie das Geschenk, all das hinter sich lassen zu können, was Sie bis jetzt davon abgehalten hat, Ihr volles Potenzial zu leben. Um es jetzt schon einmal vorwegzunehmen: Ich möchte Sie fit dafür machen, dass Sie nach dem Lesen und Durcharbeiten dieses Buches in der Lage sind, Ihr Leben selbstbestimmt und in sich ruhend zu führen. Wäre das etwas, für das es sich lohnen würde, sich auf die Reise zu sich selbst aufzumachen?

Verlassen können Sie sich darauf, dass ich nach bewährtem Muster locker und manchmal unkonventionell komplizierte und tief greifende Themen aus den Innenwelten der Menschen beschreibe. Einige meiner wunderbaren Kunden haben mir freundlicherweise erlaubt, anhand ihrer Beispiele ein paar vielleicht auch auf Sie zutreffende emotionale und mentale Sabotageprogramme zu erläutern, die gern in unser Leben grätschen. Wie in allen meinen Büchern habe ich natürlich zum Schutz der Privatsphäre die Lebensläufe der vorgestellten Personen modifiziert. Und noch etwas: Es erstaunt Sie vielleicht, dass sich viele Beispiele auf das schwierige Verhältnis zwischen Chefs und ihren Mitarbeitern beziehen. Das liegt schlicht und ergreifend an der Thematik des Buches. Menschen, die in einem friedvollen, wohlwollenden und fördernden Arbeitsklima agieren können, sind von Erschöpfungssymptomen oder dem Gefühl, funktionieren zu müssen, einfach weniger betroffen.

Lassen Sie uns nun gemeinsam Champagner oder Holundersaftschorle trinken und darauf anstoßen, dass auch Sie sehr bald zu den ausgeglichenen und zufriedenen Menschen gehören werden, die mit sich im Reinen sind und mit Freude, frei von emotionalen, gesellschaftlichen und wirtschaftlichen Zwängen ihren Lebensunterhalt und eventuell noch viel mehr verdienen können!

Ich wünsche Ihnen viel Spaß beim Lesen und Verändern!

KAPITEL 1

In der Ruhe liegt die Kraft

Sind Sie reif für die Insel?

In meinem Beruf als Managementtrainerin habe ich tiefe Einblicke in die Strukturen unterschiedlichster Unternehmen. Unabhängig davon, für welche fachlichen Themen meine Auftraggeber mich engagieren, treffe ich erschreckenderweise bei mittlerweile jedem Auftrag auf einige Mitarbeiter, die kurz vor der totalen Erschöpfung stehen. Diesen Erschöpfungszustand haben bis zu meinem Eintreffen nicht einmal die unmittelbar davon Betroffenen in seiner ganzen Tragweite erkannt, geschweige denn ihre Vorgesetzten. Für nicht wenige Führungskräfte steckt heute nämlich in jedem Arbeitsvertrag eine »Hidden Agenda«, die dafür sorgt, dass der angepasste Mitarbeiter im Normalfall keine Nacht mehr durchschläft, keinen Einfluss mehr auf die Richtung seiner Gedanken hat und rund um die Uhr für das Unternehmen erreichbar ist. Gesund fühlt es sich jedenfalls nicht an, wenn vor meinen Augen Menschen ohne ersichtlichen Grund in völlig harmlosen Gesprächen die Contenance verlieren: Sie vergreifen sich wiederholt im Ton, sie schimpfen und lästern über ihre Kollegen und Chefs, fangen an zu weinen oder setzen ihr Ego so ungehemmt in Szene, dass man meinen könnte, der Typ, der hier gerade vor uns steht und das Wort an sich gerissen hat, ist der neue König von Deutschland. Keiner von ihnen ahnt, dass diese destruktiven oder verzweifelten Verhaltensweisen oft genug Vorboten dafür sind, in absehbarer Zeit gänzlich mit den Nerven am Ende zu sein. Bevor dies passiert, kommt ihnen jedoch meistens ihr Körper zuvor. Krankheiten wie Infektanfälligkeit, Niedergeschlagenheit, Hautausschläge, Bandscheibenvorfälle, nachhaltige Störungen des Magen-Darm-Traktes kündigen den Burn-out von Körper, Geist und Seele an.

In Deutschland haben wir im Moment den höchsten Krankheitsstand der letzten zwanzig Jahre. Jeder dritte Beschäftigte fehlt mindestens einmal in sechs Monaten, und die Zahl der durchschnittlichen Krankheitstage im Jahr liegt bei 12,3 Tagen. Wow, große Teile der Bevölkerung scheinen mehr als reif für die Insel zu sein. Dabei ist es – rein theoretisch – gar nicht so schwer, Körper, Geist und Seele im Gleichgewicht zu halten. Aaron Antonowsky, ein israelisch-amerikanischer Medizinsoziologe (verstorben 1994), ging schon 1951 der Frage nach, was Menschen gesund macht und gesund erhält. Er entdeckte, dass drei Komponenten essentiell sind: Nach seinen Erkenntnissen sollte das, was wir tun, *verstehbar, machbar* und *sinnvoll* sein. Fehlt nur eine dieser drei Komponenten in unserem täglichen Arbeitsleben, dann ist die Basis für das Gesundbleiben nicht mehr gegeben.

Die meisten erschöpften oder überforderten Menschen, die ich bis heute in meinen Trainingsmaßnahmen getroffen habe, standen vor dem Problem, dass sie die ihnen zugeteilte Aufgabenmenge nicht mehr bewältigen konnten. Insbesondere die Komponente *Machbarkeit* war bei ihnen allen aus dem Gleichgewicht gerutscht. Warum? Weil sich viele Unternehmen, um wettbewerbsfähig bleiben zu können, zu radikalen Personalreduktionen entschieden haben.

Zum Leid aller Übriggebliebenen reduziert sich das zu bewältigende Arbeitspensum natürlich nicht. Und eine ganze Weile funktioniert das neue System (weniger Mitarbeiter bei gleichbleibender Arbeit) auch.

Ja, wenn es so einfach wäre, aus diesem Hamsterrad des Funktionierens auszusteigen. Wenn es so einfach wäre, dem Chef mitzuteilen, dass er gerade dabei ist, einen riesigen Fehler zu begehen, indem er sich von wichtigen Know-how-Trägern seines Unternehmens trennt. Selbst wenn man sich trauen würde, seinem Chef diese Botschaft zu überbringen, was würde sich verändern? Würde der Vorgesetzte einsichtig werden und seine radikalen Personalentscheidungen noch einmal überdenken? Wahrscheinlich eher nicht. Also müssen sich die oben beschriebenen Personen einen Weg überlegen, wie sie aus dieser Misere aussteigen können, bevor sie krank und ausgebrannt werden. Veränderung fängt immer bei einem selbst an.

Aber zurück zu Ihnen. Wie finden Sie heraus, ob Sie reif für die Insel sind? Oder anders ausgedrückt: Sind Sie reif dafür, neue Wege in Ihrem Leben einzuschlagen, die Sie endlich wieder dorthin zurückbringen, wo Ihr Zuhause ist: zu sich selbst? Und zu einem Leben, in dem zukünftig wieder mehr von dem stattfinden wird, was Sie sich wünschen? Dann überprüfen Sie, ob Ihnen die nachfolgenden Aussagen bekannt vorkommen. Wenn ja, ist es Zeit für Sie, neue Herangehensweisen in Ihrem Leben zu implementieren.

– Meine zuletzt benutzten Methoden, mit denen ich berufliche Ziele und Ergebnisse erreichen wollte, greifen nicht mehr.

- Ich habe das Gefühl, dass ich mich in Gedanken permanent im Kreis drehe.
- Ich kann mich an den kleinen Dingen des Lebens überhaupt nicht mehr erfreuen.
- Ich müsste einfach einmal abhauen, dahin, wo mich keiner kennt und findet.
- Ich registriere, dass ich permanent am Schimpfen und Lästern bin und an allem anderen die Schuld gebe.
- Mir ist schon seit Längerem der Appetit vergangen.
- Mein Wortschatz hat sich verändert. Ich gebrauche viel häufiger als früher Wörter wie *Problem, Angst, Herausforderung, Bedrohung, Stress, Zweifel, Sorgen*. Oder Formulierungen wie: *Es wird immer schlimmer. Wir leben in schwierigen Zeiten. Auf niemanden kann man sich mehr verlassen. Wo soll das alles nur enden? Wie soll ich das alles schaffen?*
- Ich bin anderen Menschen gegenüber misstrauisch und negativ eingestellt.
- Niemand versteht mich mehr richtig.
- Ich bin in letzter Zeit schnell erschöpft und habe keine Lust mehr, etwas zu unternehmen.
- Ich stelle fest, dass ich in Situationen, bei denen ich früher mitfühlend reagiert habe, jetzt eher gleichgültig bin.
- Ich breche schnell in Tränen aus.
- Oft schleichen sich Selbstzweifel in mein Denken.
- Meine Toleranzgrenze hat sich gegen null verschoben.
- Ich stelle immer häufiger mein derzeitiges Lebenskonzept in Frage.
- Ich erwische mich dabei, wie ich mich in ein anderes, besseres Leben träume. Mit einem anderen Partner, in einer anderen Stadt oder in einem neuen Beruf.

Haben Sie sich bei der einen oder anderen Aussage wiedererkannt? Dann sind Sie reif für neue, inspirierende Ansatzpunkte in Ihrem Leben. Doch bevor wir dazu kommen, widmen wir uns dem, was Sie dazu gebracht hat, statt aus Ihrer ausbalancierten, inneren Mitte zu agieren, immer mehr zu funktionieren.

»Da muss man einfach durch« - sagt wer?

In den Antistresstrainings, die ich in den letzten Jahren in Unternehmen oder auch bei Privatpersonen durchgeführt habe, sind mir unter den Teilnehmern einige Gemeinsamkeiten aufgefallen. Bei allen hatten an bestimmten Wendepunkten im Leben ihre Einstellungen und Überzeugungen einen ungünstigen Kurs eingeschlagen. Das konnte schon sehr früh in ihrer Kindheit passiert sein, irgendwann später in der Jugend oder auch erst nach Eintritt in das Arbeitsleben. Auf jeden Fall hatten alle Betroffenen unisono einen inneren Antreiber in sich stark und mächtig werden lassen, der scheinbar mit einer Peitsche hinter ihnen herlief und sie permanent anspornte, schneller, höher und weiter zu kommen. Wer nicht in der geforderten Geschwindigkeit durch sein Leben spurten wollte, bekam sofort von irgendjemandem im Außen den altbekannten Spruch zu hören: »Da muss man jetzt einfach durch! Vor allem dann, wenn man es im Leben zu etwas bringen möchte.«

Keinem von uns sind solche Aussagen fremd, wir haben sie von Eltern, Lehrern, Verwandten und wohlgesinnten Ratgebern gehört: »Beiß jetzt einfach mal die Zähne zusammen.« »Das wirst du doch wohl schaffen! Die anderen können das doch auch.« »In unserer Familie hat noch keiner versagt und du wirst es auch nicht tun.« »Wer sorgfältig und pünktlich seine Arbeit abliefert, der wird vom Leben belohnt werden.« Also beißen wir weiterhin brav die Zähne zusammen, funktionieren wie gewünscht und ziehen das, was wir begonnen haben, bis zum Schluss durch. Erst wenn uns der Zahnarzt empfiehlt, uns doch eine Beißschiene für die Nacht anfertigen zu lassen, wird uns bewusst, dass nächtliches Zähneknirschen nicht normal ist. Und das ist erst der Anfang.

Die Teilnehmer aus meinen Antistresstrainings klagten nahezu ausnahmslos über die Tatsache, dass sie nachts immer wieder mit Herzrasen aufwachten. Zu unkontrolliertem Herzrasen kam es allerdings auch, wenn sie abends endlich auf ihrem Sofa saßen und nichts anderes wollten, als sich auszuruhen. Aber meistens blieb es eh beim Wollen. Denn schon auf dem Weg zum Sofa fielen ihnen gefühlte hundertachtundzwanzig Dinge ein, die im Haushalt, Keller, auf dem Balkon oder im Garten noch schnell erledigt werden sollten. Was, wenn unangemeldet Besuch käme? Dem würde natürlich sofort auffallen, dass die Gardinen erst vor einem halben Jahr gewaschen wurden, dass der Balkon noch nicht mit den neuen, saisonal angesagten Pflanzen bestückt ist und dass sich auf der extrem schmalen Kante über den Fußbodenleisten etwas Staub abgesetzt hat. Und das geht ja überhaupt nicht!

Fast meine gesamte Generation ist mit dieser Lebenseinstellung groß geworden. »Was werden die Leute denken?«, war die alles beherrschende Frage. Nur nicht auffallen, nur nicht anecken. Die Eltern passten sich an die Verhältnisse an und forderten dies auch von ihren Kindern. Meine Mutter zum Beispiel hatte einen sehr unnachgiebigen, strengen Erziehungsstil und ließ es weder bei mir noch bei meiner Schwester zu, dass Aufgeben, Abbrechen oder ein allzu lässiger Umgang mit diesem oder jenem überhaupt eine Option war. Bei uns beiden führte das mit zunehmendem Alter zu einem gewissen Rebellentum, das uns heute oft sehr durchsetzungsstark agieren lässt. Gleichzeitig sind wir mit einem langen Atem ausgestattet und ziehen Projekte in der Regel bis zum Ende durch. Generell ist es ja auch sehr von Vorteil, wenn man über ein ausgeprägtes Durchhaltevermögen verfügt. Würde man bei dem kleinsten Hindernis, das sich einem in den Weg stellt, aufgeben, wäre man gar nicht in der Lage, ein Ziel zu erreichen. Solange das Dranbleiben an einer Sache in einem ausbalancierten Zustand geschieht, ist es also durchaus positiv. Von Balance konnte bei den Teilnehmern meiner damaligen Trainings allerdings nicht die Rede sein. Dabei gehörten die meisten von ihnen gar nicht zu meiner Generation, sondern hatten gerade mal das zarte Alter von Anfang bis Mitte dreißig erreicht. Waren die Erziehungsmethoden mit der Zeit nicht viel humaner geworden? Wie auch immer: Die Lösung liegt in einem gesunden Mittelmaß. Aber woher weiß man, wie sich der Zustand der ausbalancierten Mitte anfühlt? Wann ist es sinnvoll aufzuhören und wann ist es wichtig weiterzumachen? Wann muss man eine Sache einfach durchziehen und wann eben nicht?

Die Kunst zu wissen, wann Schluss ist

Tatsächlich handelt es sich um eine Kunst. Und die ist erlernbar. Vielleicht hilft es Ihnen, wenn wir dazu einmal die Gefühle und Gedanken im Inneren betrachten, an denen Sie zukünftig erkennen können, wann bei Ihnen der Zeitpunkt gekommen ist, eine angefangene Aufgabe vorzeitig zu beenden, um sie an einem anderen Tag oder bei einer anderen Gelegenheit weiterzubearbeiten bzw. ganz fallen zu lassen. Dazu tauchen wir in die Innenwelt von Juliane ein.

Juliane ist Steuerfachangestellte in einer größeren Steuerberatungskanzlei (eine Berufsgruppe, die wie auch die der Rechtsanwälte, Controller, Lehrer, Ärzte besonders betroffen ist). Die Aufgaben, die sie zu bewältigen hat, liegen ihr sehr, da sie es liebt, Regeln zu beachten und mit Zahlen zu jonglieren. Alles wäre eigentlich perfekt, hätten ihre Mandanten nur Spaß daran, ihre Steuerunterlagen pünktlich abzugeben. Das ist leider nicht der Fall. Sie wollen sich nichts vorschreiben lassen, halten keine Termine ein und sind überhaupt der Meinung, dass der Staat dem Bürger das Geld nur so aus der Tasche zieht. Da Juliane eine stille, zurückhaltende, gut strukturierte und sorgfältige Mitarbeiterin ist, gleicht sie diese Macke ihrer Mandanten seit Jahren durch Mehrarbeit am Wochenende und Überstunden aus. So arbeitet sie mit einer Engelsgeduld tagein, tagaus an den zu spät abgegebenen Steuererklärungen derer, die sich auf sie verlassen, und gerät dadurch natürlich ständig selbst unter einen enormen Termindruck.

Wie groß der Druck war, der sich in ihr über all die Jahre

aufgestaut hatte, hatte sie bis zu dem Tag, als sie mit akuten Kreislaufproblemen und Herzrasen in der Kanzlei zusammengebrochen war, gar nicht bemerkt. Nach ihrer ungeplanten längeren Auszeit wollten wir beide herausfinden, an welchen Punkten sie zukünftig erkennen kann, dass ihr Arbeitspensum und der Termindruck viel zu hoch sind und ihr Gleichgewicht aus dem Ruder zu laufen droht. Dafür haben wir uns ihre inneren Monologe angesehen, die mit für ihren Kollaps verantwortlich waren. Was wir da bei unserer Recherche entdeckt haben, ist höchst interessant. Damit Sie überprüfen können, ob diese antreibenden Gedanken Ihnen irgendwie bekannt vorkommen, stelle ich Ihnen die von Juliane nun vor:

- Den Schriftverkehr erledige ich eben noch schnell.
- Nur noch die letzten Zahlen der Bilanz fertig erstellen, dann habe ich es doch schon.
- Jetzt hat Herr Schmitt die steuerrelevanten Unterlagen immer noch nicht abgegeben und trotz mehrmaliger Aufforderung geht in der Kanzlei keine Post von ihm ein. Wie mache ich das dann bloß? Okay, wenn es zu knapp wird, streiche ich meinen Wochenendtrip und mache stattdessen seine Steuererklärung fertig.
- Jetzt bin ich gerade so gut in dem schwierigen Fall drin, dann mache ich heute eben ausnahmsweise ein paar Überstunden.
- Ich kann doch meine Kollegin Jeanette nicht hängen lassen. Die kommt in ihrem Steuerfall ja überhaupt nicht weiter.
- Ich muss wirklich an meiner Schnelligkeit arbeiten.

– Hat sich nicht in dieser Sache die Gesetzeslage verändert? Jetzt bin ich mir nicht mehr sicher. Das muss ich nach Feierabend unbedingt noch nachrecherchieren.

Bestimmt hatten Sie beim Lesen von Julianes inneren Monologen das Bedürfnis, sich sehr schnell davon zu distanzieren, um nicht selbst in Stress oder Wut zu geraten. Als Beobachter ist es sehr viel einfacher, die Ursachen dafür zu erkennen, warum eine Person überhaupt in Bedrängnis geraten ist. Die Summe der verschiedenen Gedanken ist es, die das Fass bei ausgebrannten Menschen zum Überlaufen bringt.

Wer oder was hätte Juliane helfen können, rechtzeitig aus ihrer Getriebenheit auszusteigen, um sich die Erfahrung des körperlichen und psychischen Zusammenbruchs zu ersparen? Mit Sicherheit wäre ein Gespräch mit der Chefin sehr hilfreich gewesen, um sich Unterstützung zu holen. Diese hätte dann den Mandanten der Kanzlei klipp und klar sagen können, dass sie die Konsequenzen von zu spät abgegebenen Unterlagen selbst zu tragen haben. Auch die Überstunden, die sich permanent auf-, aber nicht mehr abbauten, hätte sie thematisieren müssen. Juliane hat sich nun vorgenommen, aufmerksamer ihre Gedanken zu kontrollieren und Teile ihrer inneren Monologe zu notieren, damit sie schwarz auf weiß sieht, wie sie sich im Inneren programmiert hat.

Grundsätzlich gilt: Schärfen Sie Ihre Beobachtungsgabe! Wenn Sie ein Gefühl des Gehetztseins verspüren, wenn Sie zu oft und zu schnell die Schuld an einem misslungenen Projekt bei sich suchen oder wenn Sie zu oft private Termine gegen Überstunden eintauschen, sollten Ihre Alarmglocken klingeln. Achtsamkeit, Aufmerksamkeit und Selbstreflexion sind Schlüssel, die uns dabei unterstützen, frei und selbstbestimmt zu werden. Schauen wir uns nun an, warum zu viel Verständnis für andere uns von uns selbst entfernt.

Irgendjemand muss es ja machen

Der größte Teil meiner Kunden in Unternehmen gehört in die Kategorie fleißiger, loyaler und kooperativ arbeitender Mitarbeiter. Selbst auffällige Führungsdefizite und dadurch entstehende Entscheidungsvakuen bei wichtigen geschäftlichen Themen werden von ihnen durch Mehrarbeit aufgefangen. Irgendjemand muss es ja machen, denken sie, damit das Schlimmste von ihrer Firma abgewendet wird. Ich bin jedes Mal aufs Neue erstaunt, wie hoch die Leidensfähigkeit bestimmter Menschen in Unternehmen ist. Es ist selbstverständlich für sie, für andere die Kohlen aus dem Feuer zu holen. Man hilft sich, gleicht aus, verhält sich still und hofft, dass irgendwann ein Wunder geschieht und der unstrukturierte Vorgesetzte oder der überforderte Kollege ihre Hilfe nicht mehr benötigt. Nicht anders geht es den Millionen Vollzeit- und Teilzeitmüttern. Sie sind immer für alle ansprechbar und funktionieren einfach, ohne groß darüber nachzudenken. Sie tun wirklich alles für die Familie, den Partner, die Kinder, die Freunde, die Nachbarn und nicht selten auch für die Freunde der Kinder oder für die Kinder der Freunde. Nicht zu vergessen die verschiedenen

Haustiere der gerade Erwähnten. Die nehmen sie natürlich auch noch unter ihre Obhut und versorgen sie.

Hilfsbereitschaft ist eine wunderbare Tugend. Wenn sie aber ausgenutzt oder überstrapaziert wird, macht das Helfen keinen Spaß mehr. Im Gegenteil: Es kostet sehr viel Kraft und Energie. Über die vielen Möglichkeiten der Überforderung als Mitarbeiter in einer Firma haben wir bereits gesprochen, die Gefahr, dass Mütter in einen Zustand der totalen Erschöpfung gelangen, ist noch viel größer. Sie können nicht einfach zum Arzt gehen, um sich krankschreiben zu lassen, wenn es ihnen nicht gut geht. Die Kinder brauchen geregelte Mahlzeiten, die Hausaufgaben müssen angeleitet und überwacht werden, die Wäsche sollte sauber und gebügelt sein, das Haus oder die Wohnung in Ordnung gebracht werden, die Familientreffen sind zu organisieren, der Garten oder der Balkon sollte hübsch gestaltet sein, die Kinder müssen zum Sport-, Tanz- oder Musikunterricht gefahren werden, der Partner wünscht sich ein offenes Ohr für seine Sorgen, der Urlaub will geplant werden und der tägliche Bedarf an Lebensmitteln beschafft sich auch nicht von allein. Das bisschen Haushalt? Von wegen. Und wenn diese Mütter dann zusätzlich noch halbtags oder gar ganztags arbeiten gehen, dann kommt dieser Stress noch obendrauf. Aber wie gesagt: Irgendjemand muss es ja machen.

Wenn sich jetzt zufälligerweise der eine oder andere Leser bei den eben beschriebenen Situationen selbst erkannt hat, zukünftig aber auf keinen Fall mehr so agieren möchte, dann schauen wir uns gemeinsam an, wie man aus dieser Irgendjemand-muss-es-ja-machen-Falle aussteigen kann. Denn dieser Ausstieg ist der erste Schritt, um sich aus dem ständig drehenden Hamsterrad zu befreien, in dem sich mittlerweile allzu viele Arbeitnehmer in Deutschland befinden.

Eine einfache Methode zu überprüfen, ob Sie bereits in die Ich-mache-das-jetzt-mal-eben-für-andere-Falle getappt sind, besteht darin, sich aus der Vogelperspektive Ihr gegenwärtiges Arbeitspensum anzusehen. Bei dieser Sicht von oben werden Sie zügig feststellen, welche der Aufgaben, die auf Ihrem Schreibtisch platziert sind, dort auch hingehören. Auf dieselbe Weise finden Sie heraus, welche für andere übernommenen Familienaufgaben sich heimlich, still und leise in Ihr persönliches Tätigkeitsfeld eingeschlichen haben. Haben Sie die Recherche erfolgreich abgeschlossen, geht es nun darum, diese meist unbewusst übernommenen Aufgaben bewusst zurückzudelegieren. Ich stimme Ihnen vorbehaltlos zu: Dieser Rückgabeprozess kann für den einen oder anderen Beziehungsmenschen eine übergroße Herausforderung darstellen. Aber irgendwann muss man mit dem Üben solcher eher unangenehmen Aktionen anfangen – warum nicht heute? Wie werden Sie das Zurückgeben von Jobs, die nicht die Ihren sind, zukünftig am besten bewerkstelligen können? Eine gute Möglichkeit ist, mit nicht wirklich bedeutsamen Aufgaben zu beginnen.

Es gibt Kollegen, die anderen auf sehr charmante Art eine Arbeit unterjubeln, die eigentlich in ihren eigenen Fachbereich fällt. Bis man es gemerkt hat, sind sie schon aus der Bürotür draußen. Ihnen begegnet man am besten mit einer stimmigen Rückgabestrategie. Yvonne beispielsweise könnte ihrer Kollegin Melanie die überlassene Arbeit folgendermaßen zurückgeben: »Ach, Melanie. Du hast mir vor zwei Tagen die Vertriebsliste auf den Tisch gelegt, die aktualisiert werden soll. Als sie mein Vorgesetzter heute dort liegen sah, war er mehr als erstaunt. Das war wohl mit deinem Chef anders abgesprochen. Also gebe ich dir das Projekt gerne wieder zurück.« Natürlich muss diese Aussage der Wahrheit entsprechen (aber man darf auch ein bisschen nachhelfen). Schon haben Sie eine Aufgabe weniger zu bearbeiten.

Eine Mutter kann eine ihr zugeschanzte Aufgabe folgendermaßen zurückdelegieren: »Stephanie, irgendwie hat es sich so ergeben, dass ich die letzten vier Male unsere Jungs zum Fußball gefahren habe. Du wolltest doch auch unbedingt deinen Söhnen beim Spielen zusehen. Gerade Luca hat solche Fortschritte im Dribbeln gemacht. Wir machen das jetzt ganz einfach so: Du fährst die nächsten vier Male die Kinder zum Sport und danach wechseln wir uns wieder ab. Wäre das nicht eine tolle Idee?«

Glauben Sie mir: Nach erfolgreich vollzogener Rückgabe der zu viel übernommenen Aufgaben wird sich ein kleines, zauberhaftes Glücksgefühl in Ihnen breitmachen, so dass es mich sehr wundern würde, wenn Sie danach nicht ganz verrückt danach wären, noch mehr Aufgaben zurückzudelegieren. Die Zeit, die Sie dadurch für sich gewinnen, wird Sie für den schwierigen Gang über die Das-kann-man-doch-nicht-einfach-machen-Grenze belohnen. Ganz nebenbei: Für das Schmieden der persönlichen Karriere ist es absolut notwendig, dafür Sorge zu tragen, dass man sich möglichst nur mit den Aufgaben beschäftigt, für die man tatsächlich zuständig ist und mit denen man leicht sichtbare Ergebnisse generieren kann – auch und gerade dann, wenn einem die Aufgaben, die man für andere übernommen hat, leicht von der Hand gehen. Das birgt nämlich immer die Gefahr in sich, dass man sehr schnell einen bunten Blumenstrauß an zusätzlichen Aufgaben in seinem imaginären Warenkorb wiederfindet. Dann ist es natürlich nicht verwunderlich, dass man abends bald völlig ausgelaugt, energielos, nicht ansprechbar und fast lethargisch auf dem Sofa liegt.

Von der Fremdbestimmung zur Selbstbestimmung

Menschen, die Gefahr laufen, in einem Funktionsgefängnis zu landen, oder die bereits dort gelandet sind, geben meist anderen die Schuld daran, dass sie sich so hetzen müssen und dass sie für gar nichts mehr Zeit haben. Es wirkt fast so, als seien sie zur Geisel in ihrem eigenen Leben geworden. Und genau das sind sie auch! Wer selbstbestimmt durchs Leben geht, kann sein Tempo auch selbst vorgeben.

Wenn Sie einen Blick auf Ihren turbulenten Alltag werfen: Bei welchen Dingen haben Sie das Gefühl, dass Sie selbstbestimmt agieren? Wann und wie haben Sie die Entscheidung getroffen, mit Ihrer Lebenszeit so umzugehen, wie Sie es gerade tun? Versuchen Sie sich genau daran zu erinnern, an welcher Stelle im Leben Sie den Startschuss für Ihre Überforderung gegeben haben. Das muss nicht unbedingt eine dramatische Situation gewesen sein. Oftmals sind es gerade die kleinen, unbedacht hingeworfenen Äußerungen wie »Ja, mache ich gleich« oder »Leg es mir einfach auf den Tisch«, die eine klare Entscheidung dafür waren, über die eigenen Grenzen zu gehen. Es ist nicht so, dass man diese innere Grenze zwischen Entspannung und Spannung nicht bemerken oder spüren würde. In einem Anfall von Größenwahn glaubt man aber, dass man Herkuleskräfte besitzt, und ist der Meinung, der Körper solle sich mal bitte nicht so anstellen. Selbstbestimmt durchs Leben zu gehen bedeutet, mit voller Absicht Entscheidungen zu treffen und deren Folgen (auch die gesundheitlichen) im Blick zu haben. Wer so agiert, ist autark, wägt die Risiken ab und trägt die volle Verantwortung für sein Handeln.

Leider ist in unserem Schulsystem nicht vorgesehen, junge Menschen zu selbstbestimmten Wesen zu erziehen. Nur diejenigen, die sich fleißig an die Vorgaben halten, werden belohnt. Es scheint einfacher zu sein, angepasst und regelkonform zu handeln, als für seine eigenen Vorstellungen einzustehen. So hat man wenigstens seine Ruhe. Aber der Schein trügt. Wenn ich mir meine Klienten ansehe, die wegen Überbelastung, Überforderung und Erschöpfung bei mir vorstellig waren, dann sind es nicht nur die forschen Managertypen, die es im körperlichen Sinkflug erwischt, weil sie immer weiter, höher und schneller vorankommen wollen. Nein, auch ganz normale Angestellte sind betroffen.

Was macht ein selbstbestimmtes Leben aus?

- Man trägt für sich und seine Entscheidungen die volle Verantwortung.
- Man stellt die eigenen Ziele und Wünsche in den Fokus.
- Man weiß genau, wo die Entspannung aufhört und die Spannung anfängt.
- Man hat Vertrauen in sich und seine Fähigkeiten.
- Man nimmt sich so an, wie man ist.

- Man ist bereit, immer wieder einen Schritt über das eigene Ego zu gehen.
- Man respektiert den Freiraum von anderen und möchte auch seinen eigenen respektiert wissen.
- Man bildet sich eine eigene, fundierte Meinung.
- Man weiß, welcher Bestimmung man folgt.

Wenn Sie noch zu den zaghaften Selbstbestimmern gehören, sollten Sie weiter üben. Picken Sie sich jede Woche einen Punkt aus der oben aufgeführten Liste heraus und lenken Sie Ihre ganze Aufmerksamkeit im Denken, Fühlen und Handeln darauf. Indem Sie die genannten Verhaltensweisen verinnerlichen, werden Sie in relativ kurzer Zeit wagemutiger und trauen sich, Aufgaben abzulehnen, die nicht die Ihren sind.

Warum wir es immer wieder schaffen, uns zu überfordern

Das Rätsel, warum Menschen dazu bereit sind, sich permanent zu überfordern, ist ganz einfach zu lösen. Sie möchten geliebt und anerkannt sein und zu der Gruppe der Netten dazugehören. Außerdem schmeichelt es dem eigenen Ego sehr, wenn zur Lösung von auftretenden Problemen und Hindernissen der eigene Name ins Spiel gebracht wird. Menschen lieben es, wenn sie Einfluss haben, das Ruder in die Hand nehmen können und im besten Fall unersetzlich sind. Ganz einfach deswegen, weil dann niemand so schnell auf die Idee kommt, sie aus dem Leben zu entsorgen. Weder der Ehemann oder die Ehefrau noch unsere Freundinnen und Freunde und schon gar nicht unsere Vorgesetzten.

Für das Gefühl unersetzlich zu sein, zahlt man oft einen hohen Preis: den auf leisen Sohlen daherkommenden, schleichenden Prozess der Überforderung. Natürlich will dieses Wort niemand hören, man könnte das Eingeständnis, überfordert zu sein, ja als Schwäche auslegen. Lieber packt man sich zu den eigenen und den von anderen übernommenen Aufgaben noch eine zusätzliche Bürde auf die Schultern: Man verdrängt in einem Kraftakt alle Warnhinweise, die der Körper aussendet, und schenkt der Gesundheit und dem Seelenfrieden keine Beachtung. Damit beginnt das wirkliche Dilemma: Unser Unterbewusstsein, in dem der gesunde Menschenverstand und auch die Intuition zu Hause sind, versucht pausenlos in unser Bewusstsein vorzudringen und uns auf lauernde Gefahren aufmerksam zu machen. Unsere Beziehungs-, Anerkennungs- und Zugehörigkeitsantreiber aus der Innenwelt wollen aber mit aller Macht verhindern, dass wir uns durch verweigerte Gefälligkeiten in die von ihnen befürchtete Isolation befördern. Diese drei verschworenen Kameraden sind Meister der Schwarzmalerei. So ist es für sie nur natürlich, so wenige Wünsche wie möglich abzuschlagen, unabhängig davon, wie viel Arbeit sich daraus ergibt. Denn eins ist den drei Schwarzmalern klar: Wer sich entzieht, macht sich keine Freunde. Weder privat noch im Beruf. Ja, und da liegt sie vor uns, die große Angst alleine zu sein – eine der Ursachen dafür, warum es uns so schwerfällt, auf die eigenen Bedürfnisse zu achten. Lieber nehmen wir in Kauf, dass unsere Energiereserven von Tag zu Tag kleiner werden und für unsere inspirierenden Herzensangelegenheiten keine Zeit mehr übrig bleibt. Das allerdings ist sehr ungünstig und auch sehr schade. Denn mit genügend Zeit für uns und unsere Vorlieben könnten wir unsere Energiedepots problemlos wieder auffüllen.

Übrigens besteht nicht nur sprachlich eine gewisse Nähe zwischen *Über*forderung und *An*forderung. Je höher die Anforderungen sind, die man an sich stellt, desto leichter passiert es, dass man sich bis zur Überforderung für eine Sache ins Zeug legt. Man will ja schließlich große Ziele erreichen und ohne Fleiß gibt es bekanntlich keinen Preis. Diese Einstellung birgt eine gewisse Gefahr in sich, zumindest dann, wenn man so gepolt ist, dass man bei Nichterreichen seiner persönlichen Vorgaben die Schuld ausschließlich bei sich sucht. Eine solche Programmierung bietet einen guten Nährboden für das Gefühl, versagt zu haben oder nicht gut genug zu sein. Und ehe man sichs versieht, ist man in seine eigene Stressfalle getappt.

Conny, Abteilungsleiterin in einem Produktionsbetrieb, ist erst kürzlich in so einer Falle gelandet. Offensichtlich hatte sie zu wenig Personal für die laufenden Geschäfte, und so legte sie kurzerhand selbst Hand an den Maschinen an, um die Produktionsergebnisse nicht zu gefährden. Natürlich blieb dadurch ihre eigentliche Arbeit liegen. Themen, die den Mitarbeiterinnen besonders am Herzen lagen, liefen ins Leere, und täglich wurden die Stimmen aus dem Team lauter, dass Conny mit ihrem Job sichtlich überfordert war. Viele rechneten damit, dass sie bald das Handtuch werfen würde.

Da lagen die Meuterer gar nicht so falsch. Conny wäre nur vorher physisch und psychisch zusammengebrochen, denn die ungünstigen äußeren Umstände, gepaart mit ihren Ansprüchen an sich selbst und dem Willen, irgendwie doch alles zu stemmen, waren eine gefährliche Mixtur. Wie könnte in so einem verzwickten Fall die Lösung aussehen? Wie schraubt man seine zu hoch gesteckten Anforderungen herunter? Indem man sagt: »Die äußeren Umstände haben sich so verändert, dass ich mein Anspruchslevel nicht mehr halten kann und mich gezwungen sehe, davon Abstand zu nehmen«? Wohl kaum. Es wäre toll, wenn das so einfach ginge, aber mit dieser Haltung wird man mit seinen zu hohen Ansprüchen sicher nicht in Verhandlung treten können. Denen war es ja auch egal, ob Conny demnächst als Neuzugang in einer Burn-out-Klinik registriert werden würde. Gäbe es für so einen Fall nur einen Knopf für eine Notbremsung in der Innenwelt der Menschen! Er wäre wahrscheinlich im Dauereinsatz.

Vielleicht ist es gar keine schlechte Idee, sich einen Notfallplan für unzumutbare Arbeitsbedingungen anzufertigen. Dort könnten dann alle Situationen notiert werden, bei denen es mehr als sinnvoll erscheint, die Ansprüche an sich selbst herunterzuschrauben. Gern nenne ich Ihnen dazu einige Beispiele:

- Mein Chef ändert täglich die abzuarbeitenden Prioritäten.
- Der Krankenstand hat sich in der Belegschaft schlagartig verdoppelt.
- In den letzten Monaten haben so viele Mitarbeiter wie nie zuvor auf eigenen Wunsch die Firma verlassen.

- Es werden keine neuen Mitarbeiter auf frei werdende Positionen eingestellt.
- Verschiedene Arbeitsbereiche werden zusammengelegt und Stellen gestrichen.
- In den letzten drei Jahren gab es jährlich einen Wechsel in der obersten Führungsetage.
- Mein Chef ist zu harmoniesüchtig und trifft keine Entscheidungen.
- Wichtige Entscheidungen werden auf die lange Bank geschoben. Dafür wird in der obersten Führungsetage darüber diskutiert, ob die Kantine umgestaltet werden soll oder im Vorgarten anstatt Buchsbäumen Lorbeerkirschbäume gepflanzt werden sollen.

Natürlich ist diese Liste unvollständig. Stellen Sie nun für sich fest, welche Punkte in Ihrem momentanen beruflichen Umfeld dazu beitragen, dass es Ihnen gar nicht gelingen kann, Ihren persönlichen Ansprüchen gerecht zu werden. Wenn Sie sie schwarz auf weiß vor sich sehen, fällt es Ihnen vielleicht leichter, von allzu hochfliegenden Plänen abzurücken.

Ruhephasen sind wichtig für das Überleben

Bestimmt kennen Sie ganz viele Menschen, die relativ schnell ein schlechtes Gewissen bekommen, wenn sie auf der sogenannten faulen Haut liegen, weil es schließlich immer irgendwas zu tun gibt. Dabei wäre es so wichtig und sinnvoll, sich diese Stunden der Muße und des Ruhens zu gönnen. In genau diesen Phasen fliegen einem die besten Ideen zu. Regelmäßiges Rumtrödeln, Entspannen und Abhängen inspiriert unseren kreativen Kern. Ideen und Träume, die im Alltagsstrudel niemals eine Chance hätten, an die Oberfläche zu kommen, können so in unser Bewusstsein gleiten. Nun müssten wir zur Steigerung unserer Lebensqualität diese geheimen Wünsche und Träume eigentlich nur noch umsetzen …

Theoretisch wissen das die meisten Menschen auch, mit der Praxis hapert es allerdings gewaltig. Fakt ist: Wir erholen uns schneller von anstrengenden Alltagssituationen, wenn wir in der Lage sind, unsere Gedanken zur Ruhe zu bringen. Das kann man auf sehr unterschiedliche Arten bewerkstelligen. Die einen machen einen langen Spaziergang in der Natur, die nächsten gehen zum Joggen, Walken oder Tanzen, wieder andere machen Yoga- oder Qigong-Übungen. Auch regelmäßiges Meditieren hat erwiesenermaßen eine beruhigende und entspannende Wirkung. Jeder, der sich schon mit den biologischen Zusammenhängen des komplexen Körpersystems beschäftigt hat, weiß, dass ausreichende Ruhephasen unseren Geist, unseren Körper und die Seele in Balance bringen. Eine indianische Weisheit, die ich passend zu dieser Erkenntnis finde, besagt, dass wir von Zeit zu Zeit eine Rast einlegen und warten müssen, bis unsere Seele uns wieder eingeholt hat.

Nur aus dem Zustand der inneren Balance heraus sind Menschen in der Lage, ihr ganzes Repertoire auszuschöpfen. Bis es aber so weit kommt, dass Menschen sich zu dem Problem bekennen, nicht abschalten zu können, muss meistens erst sehr viel passieren. Aber das Unaufhaltsame wird passieren. Letzte Woche traf ich einen Unternehmer, der genau dieses Problem hatte. Noch vier Wochen zuvor hatte er gesprüht vor Ideen und Visionen, und nichts konnten ihm seine Mitarbeiter schnell genug umsetzen. Dann kam der Tag, der alles änderte.

Als er an diesem Morgen erwachte, war er kaum in der Lage, sich zu bewegen. Seinem schnell herbeigerufenen Hausarzt sagte er, er fühle sich regelrecht »eingefroren«. Sein Körper streikte, und zwar richtig. Nie wäre ihm in den Sinn gekommen, dass er seit Monaten dabei war, sich permanent zu überfordern und zu viel auf einmal anzupacken. Das Ziel, als Erster seiner Branche ein neues Produkt im Markt zu platzieren, hatte ihn immer weiter angetrieben. Zu diesem Zweck hatte er Teile seiner Produktionsanlage umbauen lassen, und wie es dann so ist, wenn zu viele ungünstige Momente zusammentreffen, waren falsche Maschinenteile nach zu langer Fertigungszeit angeliefert worden. In all der Hektik war ihm entgangen, dass einige seiner zuvor loyalen Mitarbeiter sich immer weniger mit dem Unternehmen identifizierten und sogar geschäftsschädigend agierten, indem sie Reklamationen von Kunden unbearbeitet vor sich hin schmoren ließen. Auch nahmen sie es mit ihren Arbeitszeiten nicht mehr so genau, waren aber klug genug, das Zeiterfassungsgerät des Unternehmens auszutricksen. Als er von einem Mitarbeiter auf diesen Betrug aufmerksam gemacht wurde, war das Fass voll. Monatelanges Durcharbeiten, ständiges Onlinesein und kein bisschen Zeit für Ruhephasen, um Körper, Geist und Seele zu regenerieren, forderten nun ihren Tribut: einen besonders schweren Fall von Burn-out.

Nun kann sich jeder bildhaft vorstellen, wie lange Körper, Geist und Seele benötigen, um sich zu erholen, wenn sie über Monate oder gar Jahre nicht beachtet wurden. Da ist es mit einer Woche Urlaub im Wellnesshotel auf Mallorca oder in den Bayerischen Alpen nicht getan. Wenn jemand, der in einen solchen Zustand geraten ist, ganz viel Glück hat, dauert es sechs Monate, bis er von seiner Erschöpfung geheilt ist. Wie gesagt: wenn er ganz viel Glück hat. Die durchschnittliche Dauer der vollständigen Wiederherstellung liegt erfahrungsgemäß eher bei einem bis eineinhalb Jahren. In ganz dramatischen Fällen kann es auch zwei Jahre dauern. Unglücklicherweise ist man in der Regel immer der Letzte, der bemerkt, dass die Stunde der Rückzahlung geschlagen hat. Kein Körper lässt sich ungestraft verleugnen. Kein Gefühl will über längere Zeit verdrängt werden. Irgendwann ist es dann eben so weit. Der Körper zieht die Notbremse.

Ist Ihnen noch zu helfen?

Wenn Sie im Moment darüber nachdenken, in welcher Phase der Überforderung Sie sich gerade befinden, dann ist das ein sehr guter Ansatz. Genau das wollte ich mit diesem ersten Kapitel erreichen. Meine Intention ist es, Sie wachzurütteln.

Nehmen wir einmal an, Sie sind zu der Erkenntnis gekommen, dass Sie im täglichen Leben tatsächlich mehr funktionieren als bewusst agieren. Auch kommen Ihnen einige Beschreibungen in den vorangegangenen Beispielen nicht unbekannt vor. Dann stellt sich doch nun die Frage, ob Ihnen noch zu helfen ist. Meine Antwort darauf lautet: Ja, ist es. Es gibt so viele wunderbare Methoden, Techniken und Werkzeuge, wie man mit Übung, Auflösung von Sabotageprogrammen, Veränderung von inneren Haltungen und Einstellungen und einem beherzten Schritt über imaginäre Grenzen sein Leben komplett neu ausrichten kann. Deswegen lehne ich mich nun weit aus dem Fenster und behaupte, dass jeder Mensch aus seinem inneren Gefängnis ausbrechen kann, wenn er möchte! Und ein paar Regeln beachtet …

Ich weiß nicht, wie viele Jahre meines Lebens ich damit verbracht habe, alles dafür zu tun, mir nahestehende Personen aus ihren misslichen Lebenslagen zu befreien. Ob es Freundinnen waren, die nicht mehr klar denken oder handeln konnten, weil ihr Liebeskummer sie fast um den Verstand gebracht hatte. Oder Menschen aus meinem näheren Umfeld mit leicht manisch-depressiven Zügen, denen es immer wieder gelang, durch ihre besonders guten rhetorischen Fähigkeiten jede freie Minute meiner Zeit in Beschlag zu nehmen. Wenn man sich selbst stark und energiegeladen fühlt, fühlt man sich leicht zu Höherem berufen und glaubt, man kann alle retten: vor sich selbst, vor missgünstigen und intriganten Mitmenschen und vor der grausamen, bösen Welt. (Apropos böse Welt: Gerade bei den derzeitigen Turbulenzen ist es wichtiger denn je, seine Energie und Stärke zu bündeln und andere zu animieren, auch in ihre Stärke zu kommen.)

Jetzt weiß ich aus zuverlässiger Quelle, dass fast jeder beziehungsorientierte Mensch dieses besagte Rettungsgen in sich trägt. Oder anders formuliert: Ich kenne keine Frau und mittlerweile auch kaum noch Männer, die nicht der Mission erlegen sind, anderen Menschen zu ihrem Glück verhelfen zu wollen. Die Frage ist nur, wollen denn diese (oft nur vermeintlich) gestrandeten Menschen überhaupt Hilfe haben? Beziehungsweise: Wollen sie vielleicht nur von der Energie der bereitwilligen Helfer profitieren, um nicht selbst aktiv werden zu müssen? Und wäre es nicht eh für alle Beteiligten effizienter und zeitsparender, wenn aus der inneren Balance geratene Menschen sich gleich an ausgebildete Psychotherapeuten wenden würden?

Seitdem ich dazu übergegangen bin, die betroffenen Personen aus meinem erweiterten Umfeld an solche Fachleute zu empfehlen, hat sich die mir zur Verfügung stehende Freizeit exorbitant erhöht. Eins ist mir klar: Hätte ich diesen Schritt und Schnitt in meinem Leben nicht vollzogen, wäre keines meiner Bücher jemals geschrieben worden. Schlicht und ergreifend aus Zeitmangel. Worauf will ich hinaus? Sie haben sich dieses Buch gekauft oder es geschenkt bekommen, da Sie offenbar dringend Zeit für sich benötigen. Zeit, um das eigene Leben wieder in einen ausbalancierten Zustand zu bringen. Zeit, um sich den Dingen und Talenten zu widmen, die Sie in der Vergangenheit vernachlässigt haben. Zeit, um sich aus Ihrem gefühlten Gefängnis zu befreien. Zeit, um mit weniger Aufwand zukünftig mehr zu erreichen. Zeit, um kreativ herumzutrödeln. Ja, und wenn Sie für all dies Zeit brauchen, dann haben Sie keine Zeit mehr, ständig für andere die Kastanien aus dem Feuer zu holen.

Das soll jetzt um Gottes willen nicht heißen, dass wir niemandem mehr helfen sollen, der in Not geraten ist. Gemeint ist, dass den ins Straucheln geratenen Menschen manchmal mehr damit gedient ist, wenn wir ihnen einen Experten empfehlen, der sie schnell und effizient unterstützen kann. Bis jetzt waren alle Personen, die ich an Fachspezialisten verwiesen habe, unabhängig davon, ob es sich dabei um gesundheitliche, wirtschaftliche oder emotionale Themen gehandelt hat, sehr zufrieden mit meiner Empfehlung. Meine bescheidene Oma, die über eine ganze Palette Erfahrungsschatz aus dem Zweiten Weltkrieg verfügte, hätte sich an dieser Stelle ergänzend zu Wort gemeldet und gesagt: »Und die Menschen, die sich keine Hilfe bei Fachexperten holen, die wollten auch nicht wirklich Hilfe bekommen.« Wo sie recht hat, hat sie recht!

Steigen Sie von dem Podest, auf das andere Sie gestellt haben

Ich habe bereits erwähnt, dass es manchmal sehr schmeichelhaft sein kann, wenn sich unterschiedliche Personen in unserem nahen Umfeld mit der Bitte um Hilfe, Fürsorge und Unterstützung an uns wenden. Wir werden so zum ultimativen Mittelpunkt im Leben anderer Menschen. Sie bewundern uns, überschütten uns mit Lobgesängen und Dankbarkeitsbekundungen in schriftlicher und mündlicher Form und erzählen natürlich in ihrem Bekanntenkreis, was für eine bezaubernde, hilfsbereite, intelligente, lösungsorientierte und verständnisvolle Person wir doch sind. Ja, das hört sich schon schön an! Schließlich möchte keiner, dass andere über ihn so etwas sagen wie: »Bei der Monika musst du echt aufpassen. Die ist auf den ersten Blick so nett und zuvorkommend, aber später fällt einem auf, dass sie die ganze Zeit nur auf ihren Vorteil aus gewesen ist.«

Das Gefühl, gebraucht zu werden, hat unbewusst so eine große Macht über uns, dass wir uns nur schwer von ihm trennen können. Für diese subtile Form der Wertschätzung und Anerkennung nehmen viele in Kauf, vor lauter Kümmern und Helfen irgendwann auf einen Burn-out zuzusteuern. Diesen fast automatisch ablaufenden inneren Prozess zu stoppen ist schwer, denn die Grenze zwischen »diesen Gefallen kann ich dem andern doch tun« und »ich muss jetzt unbedingt etwas für den anderen tun, denn sonst geschieht ein großes Unglück« ist fließend und fast unsichtbar. Deswegen bemerkt man auch als Letzter, dass man umgeben ist von Menschen, die sich gerne emotional an starke Persönlichkeiten hängen und sich bei ihnen Rat und vor allen Dingen Tat holen. Dabei müssten sie dringend lernen, auf eigenen Beinen zu stehen. Was sie dazu bräuchten, wären eigene Erfahrungen, nicht die Erfahrungen anderer. Versucht ein Mensch nämlich Lebensphasen zu überspringen oder zu verkürzen, indem ein anderer für sie die Arbeit erledigt, beraubt er sich des Gefühls der Befriedigung, das sich einstellt, wenn man etwas aus eigener Kraft geschafft hat.

Lassen Sie diese von mir ausgeführte Mittelpunkttheorie einfach einmal auf sich wirken. Sie ahnen wahrscheinlich schon, dass ich später im Buch an dieser liebgewonnenen Positionierung mächtig kratzen, hämmern und klopfen werde. Aber nur aus einem wichtigen Grund: damit Sie am Schluss wieder bei sich ankommen.

Schlendern ist kein Luxus

Wir haben bereits darüber gesprochen, was sich für Sie persönlich positiv verändern könnte, wenn Sie sich aus der Fremdbestimmung gelöst und wieder daran erinnert haben, dass es so etwas wie ein eigenes Leben gibt, in dem Sie selbst Regie führen: Ganz sicherlich werden Sie sehr viel mehr freie Zeit für sich zur Verfügung haben. Zeit, die Sie nach Belieben nutzen können. So müssen Sie z. B. nicht abwarten, bis Sie in Rente gehen, um sich endlich mit den Dingen zu beschäftigen, die Sie schon immer einmal tun wollten. Sie können aber auch ohne fest umrissenen Plan einfach gemütlich in den Schlendermodus eintauchen. Durch den Tag und das Leben zu schlendern bedeutet, dass man alle Handlungen und Begegnungen in einer viel bewussteren und hochwertigeren Qualität wahrnimmt.

Neulich hatte ich endlich, nach mehreren sehr arbeitsintensiven Monaten, wieder einmal so einen Schlendertag. Ein solcher Tag beginnt damit, dass kein Wecker klingelt und ich aufstehe, wann immer ich Lust dazu habe. Nach dem Aufstehen werden die Sportschuhe angezogen und ab geht es mit dem Hund in die Natur. Die Uhr würdige ich dabei keines Blickes. Natürlich führe ich an einem Schlendertag zwischendurch berufliche Gespräche, aber wie durch einen Zauber werden alle meine Vorhaben lässig abgearbeitet und manchmal gibt es sogar noch ein Geschenk obendrauf. Ich bekomme eine Einladung zum Mittagslunch und schaue auf dem Weg zum Restaurant schnell noch bei meinen Freunden Samy und Martin in ihrem Frankfurter Schuhladen rein. Ganz oft treffe ich dort auf interessante

Kunden und es entstehen relaxte Plaudereien, aus denen schon oft spannende berufliche Synergien entstanden sind. Jedes Mal verlasse ich den heiligen Laden mit einem breiten Lächeln auf dem Gesicht – übrigens oftmals ohne ein Paar Schuhe gekauft zu haben.

Diese lässigen Gelassenheitstage sind meine Ruheoasen in meiner sonst mehr als hektischen Berufswelt, die mich dabei unterstützen, meine inneren Kraftreserven stetig aufzufüllen. Ohne sie könnte ich mein Arbeitspensum an den unterschiedlichsten Orten und in den verschiedensten Firmen im deutschsprachigen Raum niemals durchstehen. Ich wette mit Ihnen, dass Sie in der Vergangenheit schon öfter in den Genuss gekommen sind, solche wunderbaren, entspannten Tage zu erleben. Viel zu wenige!, sagen Sie vermutlich. Aber das wird sich hoffentlich nach dem Lesen dieses Buches ändern.

Doch bevor es so weit ist, nutze ich die Tatsache, dass Sie sich auf den vorangegangenen Seiten mehrmals »ertappt« fühlten, gnadenlos aus. Ich zeige Ihnen im nächsten Kapitel, wie Sie es nicht zuletzt durch die Macht Ihrer Gedanken geschafft haben, sich in so viele herausfordernde Lebenssituationen hineinzukatapultieren.

KAPITEL 2

Das Detox-Programm für Ihren Kopf

Wird Ihr Leben von Ihren Gedanken gesteuert?

Der in Amerika lebende deutsche Medizin-Nobelpreisträger Thomas Südhof sprach in einem Interview mit der ›Frankfurter Allgemeinen Sonntagszeitung‹ am 4. Oktober 2015 darüber, dass Dauerstress dem Gehirn Schaden zufügt. Seit vielen Jahren versuchen verschiedenste Wissenschaftler und Neurologen herauszufinden, wie das Gehirn funktioniert. Es ist so komplex aufgebaut und strukturiert, dass bis heute noch nicht alle Zusammenhänge von bewusster und unbewusster Programmierung der inneren Datensysteme erforscht sind. Aber in einer Sache ist sich die Fachwelt einig: Das Gehirn baut sich permanent um. Jeder nachhaltige Impuls von außen und jede Lernerfahrung beeinflussen die Art, wie Billionen Nervenzellen miteinander kommunizieren. Die logische Schlussfolgerung daraus ist, dass wir mit unseren Gedanken und unserem Tun unsere Lebensausrichtung und unsere Lebensgewohnheiten steuern und verändern können.

Tatsächlich habe ich in meiner jahrelangen Trainingsarbeit mit Menschen, die offen für Neues sind, viele Beweise dafür bekommen, dass es möglich ist, eingefahrene Verhaltensmuster, Ansichten, Bewertungen und Vermutungen zu korrigieren. Natürlich ist dieser Vorgang der Korrektur in der eigenen Innenwelt alles andere als ein erholsamer Strandspaziergang. Das liegt an dem raffinierten Zusammenspiel von Gedanken, Emotionen, Weltanschauungen und der persönlichen Herkunftsgeschichte. Zunächst widmen wir uns also erst mal Ihrer vielschichtigen Innenwelt. Sie werden auf der Tour durch die Welt des Unbewussten teilweise auf Bekanntes und Vertrautes stoßen, teilweise auf Fremdes und Erstaunliches, und an der einen oder anderen Stelle werden Sie vielleicht zum ersten Mal in Ihrem Leben Zusammenhänge zwischen Ihrem Verhalten und Ihrer inneren Programmierung erkennen.

Wie bei allen Touren beginnt die Reise mit leicht zu bewältigenden Wegen. Somit tasten wir uns in Ihre Innenwelt ganz langsam hinein. Wenn Ihre physische, mentale und emotionale Kondition sich darauf eingestellt hat, werden wir uns gemeinsam ansehen, welche Sabotageprogramme Sie über die Jahre entwickelt haben, die Sie daran hindern, selbstbestimmt zu leben. Sind die Gründe dafür, warum ein Mensch sich kontinuierlich im Funktionsmodus bewegt, erst einmal erkannt, ist der erste Schritt in Richtung Loslösung bereits gemacht. Beginnen wir auf unserer gemeinsamen Reise in Ihre Innenwelt am besten mit einem Frühjahrsputz Ihres Verstandes.

Frühjahrsputz für den destruktiven Teil Ihres Gehirns

Generell ist unser Gehirn ein treuer und loyaler Geselle. Es spuckt auf Knopfdruck das aus, womit es irgendwann gefüttert wurde. Man könnte diesen zuverlässigen Freund auch mit einem Computer vergleichen: Er besitzt eine aufgespielte Rohsoftware mit vielen Details und Informationen, die die Grundlage dafür sind, dass aus dem reichhaltigen Input ein logischer Output generiert wird. Die Software haben wir selbst erstellt. Das Unangenehme dabei ist: Niemand ist in der Lage, seine interne Festplatte nur mit dem zu programmieren, was er gerne zukünftig in seinem Leben vorfinden möchte. Wäre es so einfach, würde es keinen einzigen unzufriedenen, rastlosen oder unglücklichen Menschen mehr auf der Welt geben. Aber wir geben die Hoffnung nicht auf.

Müssen wir auch nicht, denn es gibt sehr viele Beispiele von Personen aus der Wirtschaft, dem Sport, dem Musikbusiness oder dem eigenen Familien- und Freundeskreis, die es irgendwie geschafft haben, dass in ihrem Leben die positiven Ereignisse die negativen in den Schatten stellen. Natürlich nutze ich so oft wie möglich die Gelegenheit, mit solchen Menschen zu sprechen, um herauszufinden, ob ich ihnen das Geheimnis entlocken kann, das für ihre positive Konditionierung verantwortlich ist. Was all diejenigen auszeichnet, die die Zügel ihres Lebens in der Hand halten, ist meiner Meinung nach die Fähigkeit, sich von altem Gedankenmüll zu trennen. Darunter verstehe ich die frei schwebenden, destruktiven Teilchen in unserer Innenwelt, die durch falsche Überzeugungen, unklug übernommene Meinungen anderer Menschen, Zukunftsängste und negative Antriebsmotivationen entstanden sind. Entfernt man diesen vor sich hin modernden Abfall nämlich nicht von Zeit zu Zeit aus seiner Gedankenwelt, zieht man dadurch unangenehme Lebensbedingungen und Situationen fast magisch an. Irgendwie scheinen diese negativ besetzten Teilchen eine größere Anziehungskraft in sich zu tragen als die positiv aufgeladenen.

Gerade letzte Woche traf ich in einem Training wieder auf Menschen, die solchen negativen Teilchen in ihrer Innenwelt einen großen Platz eingeräumt haben. Erkennen kann man diese Fehlprogrammierung im Extremfall an der Haltung dieser Menschen anderen gegenüber. Oft sind sie missgünstig und besserwisserisch, setzen andere herab und schieben ihnen mit Vorliebe alle möglichen Fehler in die Schuhe. Sabine zum Beispiel, eine Teilnehmerin des Trainings, ließ ihren Frust über ihre Erfolglosigkeit im Job und ihre Verletzung darüber, dass es das Leben ganz offenbar nicht gut mit ihr gemeint hatte, an anderen Teilnehmern aus. Ihre teilweise sehr süffisanten Äußerungen waren wirklich kaum mehr zu ertragen. Nach dem Training begab ich mich auf Spurensuche: Welche frei schwebenden Datenmüllteilchen vermiesten dieser Frau das Leben so sehr, dass sie nicht damit umgehen konnte, wenn es anderen Menschen (vermeintlich) besser ging als ihr?

Schnell waren die negativen Keime in ihrer Innenwelt ausgemacht. Im Alter von sechs Jahren übernahm sie systemisch die Position ihres Vaters, der die Familie verlassen hatte. So agierte sie sehr früh schon in einer Art Erwachsenenmodus und programmierte sich darauf, Fehlverhalten anderer Menschen rechtzeitig zu erkennen. Diese Überlebensstrategie sollte verhindern, dass ihr Leben ein weiteres Mal in Gefahr geriet, war aber gleichzeitig eine sehr negative Antriebsmotivation. Kein Wunder, dass es ihr wenige Sympathien einbrachte, wenn sie anderen permanent deren Schwächen aufzeigte. Das war die eine Seite der Medaille von Sabines Unzufriedenheit. Die andere Seite war ihr Fanatismus in der Arbeit, der das Klima um sie herum regelrecht vergiftet hatte. Ohne Rücksicht auf Verluste versuchte sie Prozesse nach vorne zu treiben. Verständlich, dass sie trotz ihrer wirklich guten fachlichen Leistungen für eine Beförderung überhaupt nicht in Betracht gezogen wurde. Die Frage, die sich an dieser Stelle aufdrängt, ist natürlich, wie und wann hätte Sabine sich von ihrem destruktiven Verhalten, speziell von ihrer negativen Antriebsmotivation, trennen können? Oder allgemeiner formuliert: Woran kann man erkennen, dass man auf dem besten Wege ist, sich tiefer und tiefer in schwierige Lebensumstände zu manövrieren?

Die Beantwortung dieser Frage ist ganz einfach: wenn man …

- ständig jammert und nörgelt
- sich über alles Mögliche beklagt und beschwert
- boshafte Spitzen an andere oder über andere verteilt
- den Grund für die verlorene Lebensfreude überall, nur nicht bei sich selbst sucht
- sich gelähmt und ohnmächtig fühlt
- nichts mehr auf die Reihe bekommt
- private und berufliche Termine ständig verschiebt
- an allen Menschen etwas auszusetzen hat

Möglich, dass man unaufmerksam war und nicht realisiert hat, dass zu viele negative Botschaften, Meinungen und Bewertungen anderer Personen unbemerkt von der Außenwelt in die persönliche Innenwelt eingedrungen sind, wo man sie zu seinen eigenen gemacht hat. Fakt ist: Der destruktive Teil des Verstandes wird dadurch machtvoller und setzt alles daran, das innere Gedankenimperium komplett zu übernehmen. Vorhandene und bis dahin gerne gelebte positive Lebenseinstellungen und Ansichten werden in die letzte Ecke der Innenwelt verdrängt und fast vergessen. Gleichzeitig veranlassen die sich nun auf dem Vormarsch befindlichen negativen Gedanken, dass tief verborgene negative Emotionen an die Bewusstseinsoberfläche gespült werden.

So wird ein unschöner Prozess in Gang gesetzt. Je weiter er fortgeschritten ist, desto länger dauert es, bis man sich von all dem inneren Datenmüll befreit hat. So ist es mehr als ein gut gemeinter Rat meinerseits, sich von Zeit zu Zeit einem Frühjahrs-, Sommer-, Herbst- oder Winterputz seiner Gedankenwelt zu unterziehen, damit sich erst gar nicht so viel ansammeln kann. Bewaffnen Sie sich für dieses Reinigungsritual mit einem leckeren Getränk und ein paar Keksen und suchen Sie sich einen gemütlichen Platz. Notieren Sie alle ungünstigen Meinungen über die eigene Kompetenz, das Arbeitsumfeld, das Lebensumfeld, das eigene Erscheinungsbild, die bestehenden Freundschaften, die verloren gegangenen Freundschaften und die persönlichen Zukunftsvisionen. Nun haben Sie schwarz auf weiß vor sich, was Sie daran hindert, Glück, Zufriedenheit und Entspannung zu empfinden. Nehmen Sie jetzt einen Perspektivenwechsel vor. Betrachten Sie jede Meinung oder Programmierung, die Sie vorher niedergeschrieben haben, und überlegen Sie, wie sie lauten müsste, damit Sie zukünftig ein erfüllteres und entschleunigteres Leben führen können.

Damit Sie eine Vorstellung davon haben, wie man diesen Prozess der Umprogrammierung gestalten kann, ohne dabei sich selbst zu belügen, demonstriere ich Ihnen am Beispiel meines Kunden David, einem achtundzwanzigjährigen stellvertretenden Restaurantleiter, wie er es geschafft hat, sich von seinem Gedankenmüll zu trennen. Er kam zu mir, weil es sein größter Wunsch war, nach zehn Jahren Gastronomieerfahrung selbst in eine leitende Position aufzusteigen, er sich diesen Schritt aber nicht zutraute. So begaben wir uns auf die gemeinsame Reise in seine Innenwelt und betrachteten dabei seine Einstellungen und Programmierungen in Bezug auf das Gastronomiegewerbe, sein Arbeitsverhalten und seine Leistungen. Bald zeigte sich, dass er über viele Talente verfügt: Er ist kreativ, vorausschauend, flink, hat immer alle Gäste im Blick, motiviert andere Mitarbeiter zu Höchstleistungen und ist ein Meister darin, die Schwachstellen anderer auszugleichen. Was war also das Problem? Von außen betrachtet brachte er wesentliche Voraussetzungen für diese verantwortungsvolle Position mit. In seiner Innenwelt sah es leider ganz anders aus. Gerne stelle ich Ihnen einen Auszug aus dem dort vor sich hin modernden Gedankenmüll vor:

1. Nur wenn man perfekte Arbeit abliefert, hat man eine Chance aufzusteigen.
2. In meiner Familie gibt es nun mal keine Cheftypen.
3. Mein Bruder ist auch gescheitert beim Versuch, sich selbstständig zu machen.
4. Karriere kann man nur machen, wenn man bis zum Umfallen arbeitet.

5. Als Chef muss ich mir Respekt verschaffen. Das geht nur mit Härte.
6. Ich darf mir keine Schwäche leisten.
7. Ich muss in meiner Freizeit Zusatzausbildungen machen, um noch besser zu werden.

Nun machten wir uns daran, seine Ursprungsprogrammierungen umzuwandeln. So konnte man die Welt mit seiner Herkunftsgeschichte nämlich auch sehen:

1. Derjenige, der sein Bestes gibt, gut ausgebildet ist, das Wohl des Ganzen vor Augen hat und gut vernetzt ist, der hat gute Chancen beruflich aufzusteigen.
2. Ich bin froh, dass ich die Chance ergriffen habe, um mir von meinen Eltern das Beste abzuschauen.
3. Jeder in unserer Familie ist selbst für sich verantwortlich und trifft eigene Lebensentscheidungen.
4. Karriere kann derjenige machen, der klug genug ist, sich mit dem zu beschäftigen, was er am meisten liebt und am besten kann. Wenn er zusätzlich in der Lage ist, anderen Menschen freundlich und wohlwollend zu begegnen, ist er mehr als gut aufgestellt, um einen weiteren Karrieresprung zu initiieren.
5. Ich weiß, dass ich nur dann ein territoriales Verteidigungsverhalten an den Tag lege, wenn jemand versucht, mich zu täuschen oder vorzuführen.
6. Ich trage gerne die Verantwortung für mein Tun. Ich versuche jeden Tag das Beste zu geben, so wie mir meine Kraft zur Verfügung steht.
7. Ich nutze meine Freizeit, um mich zu regenerieren.

Gerne bilde ich mich weiter und nehme ab sofort dafür Bildungsurlaub in Anspruch.

Das hört sich doch schon viel besser an, oder? Und wie geht es jetzt weiter? Nachdem man sich in akribischer Kleinarbeit die Mühe gemacht hat, seine destruktiven Programmierungen zu entschärfen, ist der nächste logische Schritt, sich der negativen inneren Monologe zu entledigen, die sich gern bei uns einschleichen und breitmachen. Um aufzuzeigen, wie man das in der Praxis umsetzt, dürfen Sie mich gerne in das nächste Unterkapitel begleiten.

Woher kommen die deprimierenden Stimmen in Ihrem Kopf?

Es gibt wohl niemanden, der sie nicht kennt: die diffusen, plötzlich aus den verborgenen Katakomben des Unterbewusstseins aufsteigenden Stimmen, die zu allem und jedem etwas zu sagen haben, während man seinen täglichen Pflichten nachgeht. Auch David kennt sie zur Genüge. Damit Sie sich eine Vorstellung davon machen können, gebe ich einen seiner inneren Monologe wieder.

Stellen Sie sich folgende Situation vor: David kommt – wie so oft – nach einem langen Überstundentag nach Hause und lässt sich, unfähig, sich zu etwas anderem aufzuraffen, energielos aufs Sofa fallen. Anstatt nun aber die Stille zu genießen, hört er sich an, was seine inneren Stimmen ihm einflüstern. »Sag mal, David, hast du nicht bemerkt, dass Herr Kaiser heute schlechte Laune hatte? Ich weiß gar nicht, wo du deinen Kopf manchmal hast. Herr Kaiser ist schließlich Stammgast in eurem Lokal, du müsstest ihn mittlerweile doch kennen. Und hättest ihn keinesfalls der Auszubildenden überlassen dürfen, die ihn mit ihrer Unbeholfenheit noch weiter gereizt hat. Ganz ehrlich, mich wundert es nicht, dass dein Chef nicht im Traum daran denkt, dich zu befördern. Du bist einfach zu unkonzentriert. Für deine Karriere sehe ich jedenfalls schwarz. Und überhaupt: Glaubst du wirklich, dass du dem Job gewachsen bist? Du bist ja jetzt schon ganz kaputt am Abend. Wie soll das erst werden, wenn du ein paar Jährchen mehr auf dem Buckel hast? Kommst du dann mit dem Rollator zur Arbeit?« Kraftlos, wie David in solchen Momenten ist, lässt er das ganze Geschwafel über sich ergehen. Und glaubt es auch noch! Dabei ist er der Einzige, der über die Macht verfügt, in seiner Innenwelt ein anderes Klima zu schaffen, indem er dieser unbemannten, aus dem Nichts auftauchenden Stimme gleich Kontra gibt. Aber worum handelt es sich bei dieser Stimme eigentlich? Und macht sie sich bei jedem bemerkbar?

Man darf vermuten, dass sich einfach das sogenannte schlechte Gewissen verselbstständigt hat und nun ein Eigenleben in der Innenwelt von Menschen führt, die so etwas wie ein schlechtes Gewissen überhaupt kennen. Wie sonst wäre es zu erklären, dass die einen solch negativen Einflüsterern ein Zuhause gegeben haben, während andere, Matthias Keller aus dem IT-Team zum Beispiel, seinen persönlichen Topmoderator in Sachen Eigenmotivation offenbar für die nächsten zwanzig Jahre fest eingebucht hat? Wem gehört also diese Stimme, die so wirkt, als hätte sie jedes Kommando, jeden Ratschlag, jede Bevormundung, jede Bloßstellung, jede Anweisung, jede Strophe eines Regelwerks von was auch immer und jede Zurechtweisung aus der Vergangenheit blind inhaliert und müsste uns noch im Erwachsenenalter in einem strengen, erzieherischen, harschen Ton die Grundlagen des Lebens beibringen?

Wahrscheinlich liegt man nicht so falsch mit der Annahme, dass sie sich aus all dem zusammensetzt, was uns die verschiedenen Erzieher unserer Kinder- und Teenagerjahre an Lebensweisheiten mit auf den Weg gegeben haben. Geschickt wie sie ist, kann sie auf Knopfdruck zu jedem unserer Lebensereignisse etwas aus dem abgespeicherten Fundus hervorbringen, was im schlimmsten Fall dazu führt, dass wir uns regelrecht verfolgt fühlen, Hilfe von Fachleuten in Anspruch nehmen müssen oder auf Psychopharmaka angewiesen sind, um nicht durchzudrehen. Sie kennen ja sicherlich den Spruch: »Was brauche ich andere, wenn ich mich auch selbst fertigmachen kann!«

Aber so weit wollen wir hier gar nicht gehen. Wir bleiben bei den harmloseren Fällen der Flüsterstimmen. Allein, dass wir uns erklären können, von wem die uns sehr vertraute, strenge Stimme ihre Informationen übernommen hat, macht es doch schon viel einfacher, mit ihr umzugehen. Nehmen wir einmal an, die Stimme würde ungefragt Folgendes sagen: »Sag mal, Julia, das ist doch eben nicht dein Ernst gewesen, oder? Du kannst doch nicht zulassen, dass dich Peter vor allen anderen Kollegen so hinstellt, als ob du nicht bis drei zählen könntest. Nicht mal einen Piep hast du gesagt. Du hättest ihm doch wenigstens antworten können, dass er sich gerade mächtig im Ton vergriffen hat.

Das hätte in dem Moment schon gereicht. Wäre das deiner Kollegin Elke passiert, die hätte Kleinholz aus ihm gemacht. Aber was rede ich mir den Mund fusselig? Das war ja schon immer so bei dir. Schon immer hast du dich so behandeln lassen. Am besten siehst du zu, dass du einen Mann abbekommst, der dich beschützt. Aber bis jetzt hat ja auch das nicht geklappt.«

Es ist jetzt eine wirklich spannende Puzzlearbeit herauszufinden, wie viele verschiedene Ratschläge, Anweisungen, Bevormundungen, Werteübertragungen, Familientraditionen, Lehrregeln sich in diesem kurzen inneren Monolog befinden. Noch interessanter ist es herauszubekommen, welches deprimierende Puzzleteil aus welchem erzieherischen Mund kommt. War es die Oma väterlicherseits, der Opa mütterlicherseits, die Mutter, der Vater, die Tante, der Onkel? Oder war es der unfreundliche Nachbar, der Kinder nicht ausstehen konnte, der verwirrte Französischlehrer, der ordnungsliebende Biologielehrer, der patriarchalisch angehauchte Schulrektor, der nörgelnde Klavierlehrer oder die Nachbarin, die den ganzen Tag nichts anderes zu tun hatte als zu überprüfen, ob auch wirklich jeder in ihrem Umfeld sich an die Hausordnung hielt? Irgendjemand oder vielleicht auch ein Mix aus mehreren Personen steckt jedenfalls dahinter.

Meine Kundin Sonja zum Beispiel konnte hinter der Stimme ganz eindeutig ihre Mutter identifizieren: »Oje, das durfte nicht passieren. Die Bestellung eines Großkunden ist liegen geblieben, und wahrscheinlich hängst du, liebe Sonja, wieder einmal mit drin. Du hattest ja in der Schule schon diese fehlende Disziplin und Fahrigkeit, und wenn ich nicht immer wieder eingesprungen wäre, hättest du wahrscheinlich heute noch kein Abitur. Diese Unkonzentriertheit hast du von deinem Vater geerbt. Was soll nur aus dir werden? Bestimmt fliegt es schnell auf, dass du den Auftrag versemmelt hast. Der Kunde wird eine Ausfallentschädigung beanspruchen. Das kommt deine Firma und dann auch dich teuer zu stehen. Du wirst gefeuert werden. Am besten meldest du dich gleich bei der Jobbörse monster.de an, um zu sehen, ob es für so hoffnungslose Fälle wie dich überhaupt noch einen Arbeitsplatz in Deutschland gibt.«

Der Körper reagiert auf einen solchen inneren Monolog sofort. Meist hat man ein dumpfes Gefühl in der Magengegend, als hätte jemand hineingeschlagen. Oder einen Kloß im Hals, der es für die nächsten Minuten fast unmöglich macht zu sprechen. Männer können damit in der Regel sehr viel besser umgehen als Frauen und auch viel schneller wieder in den Sachmodus umschalten. Das liegt an dem beneidenswerten Verdränger-Gen, das den meisten männlichen Babys bei der Geburt vom Storch gleich frei Haus mitgeliefert wird. Davon können wir Frauen nur träumen. Nichtsdestotrotz gibt es auch für uns Lösungen, aus diesen selbst installierten Programmen auszusteigen.

Abschied von Ihren negativen Einflüsterern

Tom Hanks, der begnadete Schauspieler, Oscar-Gewinner und Filmproduzent, wurde vor einiger Zeit im Internet mit dem Spruch zitiert: »Ich habe ständig Angst zu versagen und dass jemand herausfindet, dass ich nichts kann.« Man könnte denken, dass er damit nur kokettiert. Bei diesem atemberaubenden gesellschaftlichen, künstlerischen und materiellen Megaerfolg hört sich diese Aussage – noch dazu in seinem Alter – wirklich weit hergeholt an. Doch da wir um die komplizierten Vorgänge und Verschachtelungen in unserer Innenwelt wissen, wissen wir auch, dass dem nicht so ist. Es erscheint eher so, dass Tom Hanks noch nicht auf die Idee gekommen ist, seinen inneren, destruktiven Stimmen Paroli zu bieten. Wie das gehen könnte, zeige ich Ihnen gerne am Beispiel von Lisa.

Lisa ist eine hübsche und intelligente Frau, die sehr gut behütet aufgewachsen ist. Sie arbeitet schnell, fleißig und zielfokussiert. Seltsamerweise hat dies bis jetzt noch keiner ihrer Chefs zu würdigen gewusst. Im Gegenteil, ihre rasche Auffassungsgabe, ihr Engagement und das Bestreben, alles Menschenmögliche für ein positives Unternehmensergebnis zu tun, wurden von ihnen als Gefahr für die eigene Karriere angesehen und abfällig kommentiert. Darum ist es nicht verwunderlich, dass sie die verschiedenen Unternehmen auf eigenen Wunsch verlassen hat, um sich den Angriffen dieser Machos zu entziehen. Und ebenfalls nachvollziehbar ist es, dass ihr bis dahin gesundes Selbstwertgefühl durch diese unschönen Erfahrungen mittlerweile tief in den Keller gerutscht ist. Schlimmer aber noch als das sind ihre inneren Stimmen, die ihr tagein, tagaus suggerieren, welch unfähiger Mensch doch aus ihr geworden ist. Sie haben eine solche Macht über sie gewonnen, dass sie schon zögert, neue Bewerbungen loszuschicken. Das ist umso bedauerlicher, als auf dem Arbeitsmarkt gut ausgebildete, flexible und verlässliche Menschen dringend gesucht werden.

Doch zurück zu Lisas Stimmen. Lisa hat nicht bemerkt, dass sie um ein Vielfaches bösartiger waren, als je ein Vorgesetzter sich ihr gegenüber in Wirklichkeit verhalten oder geäußert hatte. So begannen wir beide damit, ihre verschiedenen Stimmen auf eine Art imaginäre Theaterbühne zu befördern. Lisa schlüpfte in die Rolle der destruktiven Stimmen und ich in die Rolle der lebensbejahenden und aufmunternden Stimmen. Lisas Aufgabe war es nun, alle Argumente, Befürchtungen, Beurteilungen und Vorurteile zu präsentieren, die dafür verantwortlich waren, dass sie nicht mehr motiviert ist und Angst vor zukünftigen Jobs hat. Meine Aufgabe bestand darin, diese destruktiven Behauptungen zu entkräften. Dieses »Spiel« zog sich natürlich über mehrere Trainingseinheiten hin. Aber einen kleinen Ausschnitt daraus möchte ich Ihnen hier exemplarisch vorstellen, damit Sie eine Idee davon bekommen, wie Sie mit Ihren negativen Stimmen umgehen können.

Lisa legte in einer unserer Trainingssessions mit folgenden Worten los: »Weißt du, Lisa, es gibt nur noch aufstrebende, karrieregeile, narzisstische Überflieger, die sich die Ideen bei anderen klauen und dann als ihre eigenen verkaufen und auch sonst nichts als Lügen in die Welt setzen. Da hast du leider sehr schlechte Karten. Du bist und bleibst naiv. Da du immer nur an das Gute im Menschen geglaubt und dich nie darüber gewundert hast, warum deine Kolleginnen so oft ohne dich in die Mittagspause gegangen sind, ist dir logischerweise auch nie in den Sinn gekommen, dass dein letzter Chef nur Unwahrheiten über dich erzählt hat. Wie willst du denn in der heutigen Zeit überleben? Deine Eltern sind auch schon ganz ratlos.«

An dieser Stelle unterbrach ich den inneren Monolog von Lisa und zeigte nun Möglichkeiten auf, wie man diesen negativen, kraftraubenden Stimmenfluss unterbrechen kann. In meiner Rolle der positiven, motivierenden Stimmen antwortete ich auf das vorher Gesagte wie folgt: »Ich weiß nicht, woher du kommst und wer du bist, aber eins möchte ich gleich von Anfang an klarstellen: Ich bin hier in deiner Innenwelt der Boss! Schauen wir uns doch einmal an, welche negativen Argumente zu meiner beruflichen Zukunft du mir freundlicherweise vor meine Haustür gekehrt hast:

Punkt eins: Es gibt sehr wohl viele Vorgesetzte, die über ein Wertesystem verfügen, das sich aus Wertschätzung, Anerkennung, Motivation, Ehrlichkeit und Teamgeist zusammensetzt. Ich habe nur versäumt zu erkennen, dass meine bisherigen Vorgesetzten zu viele eigene Interessen verfolgt haben. Das liegt schlicht und ergreifend daran, dass ich in einer anderen Denkkultur großgeworden bin als diese Chefs.

Punkt zwei: Ja, du kannst mich ruhig naiv nennen, und ja, ich werde nie aufhören an das Gute im Menschen zu glauben. Zukünftig werde ich aber mein Verhalten ändern und die rosarote Brille absetzen, wenn Gefahr im Verzug ist. Auch habe ich eingesehen, dass meine Eltern zwar das Beste für mich wollten, indem sie schon in meiner Kindheit Unangenehmes von mir ferngehalten haben, ich aber dadurch nicht geübt darin bin, mit schwierigen Situationen umzugehen. Da habe ich anscheinend Nachholbedarf.

Punkt drei: Je mehr ich darüber nachdenke, umso bewusster wird mir, dass ich so lange diese Spezies von Chefs vor die Nase gesetzt bekomme, bis bei mir im Inneren angekommen ist, dass ich mich zukünftig weder unter Wert verkaufen noch zu lange zögern darf, den nächsten Karriereschritt ins Visier zu nehmen. Gezeigt haben mir meine letzten drei nur an die eigene Karriere denkenden Vorgesetzten, dass ich sehr viel mehr kann, als anderen zuzuarbeiten.

Punkt vier: Wenn meine Eltern ratlos sind, dann kann ich das für sie nicht ändern. Aber vielleicht nutzen sie die Gelegenheit, aus ihrer Kümmererrolle auszusteigen, um mir die Möglichkeit zu geben, meine eigenen Erfahrungen im Leben zu machen. Ich bin mehr als dankbar für meine geborgene Kindheit, bin nun aber erwachsen und für mich und mein Tun selbst verantwortlich. Ach, und bevor ich es vergesse: Wenn meine Exkolleginnen nicht mit mir in die Mittagspause gegangen sind, weil ein anderer Mensch Unwahrheiten über mich erzählt hat, dann ist das nicht wirklich schade. Vielmehr zeigt es, dass sie nicht in der Lage waren, sich eine eigene Meinung zu bilden. Sie hätten ja überprüfen können, ob an den Gerüchten oder Verleumdungen etwas dran ist oder nicht. So, und jetzt bin ich fertig mit meiner Ansage!«

Als Zuschauer dieser kleinen Theatervorführung haben Sie mit Sicherheit bemerkt, dass es sinnvoll ist, diese Technik – im Grunde eine Erweiterung der zuvor beschriebenen schriftlichen Gegenüberstellung (siehe Seite 55 ff.) – immer dann anzuwenden, wenn man spürt, dass man schon wieder dabei ist, sich selbst herunterzuziehen und fertigzumachen. Es ist nämlich ein großer Irrglaube zu denken, dass so ein paar destruktive innere Dialoge im Kopf die Welt schon nicht zum Umfallen bringen werden. Sie haben sehr wohl weitreichende Konsequenzen. Destruktive innere Monologe begrenzen uns in unserem Handlungsspielraum und sind dafür verantwortlich, dass wir oft mehr funktionieren als agieren. Indem wir ihnen Glauben schenken, sperren wir uns selbst in einen Funktionskäfig. Nachdem Sie nun gelernt haben, wie Sie die Gitterstäbe ein wenig verbiegen können, freue ich mich sehr, wenn Sie mit mir im nächsten Unterkapitel eine Runde Roulette spielen.

Spielen Sie mit Ihren Urteilen und Vermutungen Roulette

Bestimmt fragen Sie sich hin und wieder, wie Ihre Meinungen, Urteile und Vermutungen, die Sie zu allen möglichen wirtschaftlichen, gesellschaftlichen, politischen, gesundheitlichen und umwelttechnischen Themen haben, entstehen bzw. entstanden sind. Sind sie das Ergebnis eines ausgedehnten Rechercheprozesses, eines monatelangen Abwägens von Für und Wider, das schließlich in der Überzeugung mündete: Das ist jetzt der Wahrheit letzter Schluss? Oder orientieren Sie sich an den verschiedenen Social-Media-Kanälen, an Meldungen im Internet, an Artikeln in Zeitschriften und Büchern? Ist es vielleicht sogar vorstellbar, dass Ihr Unterbewusstsein in einem Bruchteil von Sekunden eine Vermutung oder ein Urteil fällt, bevor Sie überhaupt Zeit hatten, einen einzigen Gedanken dazu zu formulieren? Ja, das ist nicht nur vorstellbar, sondern erwiesenermaßen der am häufigsten vorkommende Fall. Ob Sie jemanden, den Sie zum ersten Mal sehen, sympathisch finden oder nicht, ob Sie ihn als vertrauenswürdig oder als unaufrichtig einstufen: Ihr inneres Wertesystem gibt die Richtung vor. Um es in einem Bild auszudrücken: Vor der Eingangspforte in Ihr Inneres steht eine Art Wächter, der überprüft, ob eine bestimmte Vermutung oder ein Urteil in Ihre Gedankenwelt implementiert werden darf. Diese bekommen nur dann Einlass, wenn sie dem Abgleich mit dem eigenen Wertesystem in einem kurzen Scannerverfahren standhalten.

Nehmen wir einmal an, für Simone ist Ehrlichkeit an oberster Stelle in ihrem internen Wertesystem positioniert. Nun hat sie unfreiwillig zwei Mal mitbekommen, dass ihr Kollege Martin es mit der Wahrheit nicht so ganz genau nimmt. Welches Urteil wird sie wohl über ihn fällen? Mit großer Wahrscheinlichkeit: »Martin lügt, wenn er den Mund aufmacht.« Der Wächter an der Eingangspforte zu ihrer Innenwelt wird diesem Urteil Einlass gewähren, da Ehrlichkeit und ein korrektes Verhalten unabdingbare Bestandteile ihres Wertesystems sind, das ein Verhalten, wie es Martin an den Tag gelegt hat, niemals billigen kann. Martin weiß natürlich nichts von seinem Glück, aber er hat jetzt schlechte Karten bei Simone und all den Menschen, denen sie schon von ihrer vermeintlichen Erkenntnis berichtet hat. Ob gewollt oder ungewollt wird Simone bei jedem beruflichen Zusammentreffen mit Martin ihr Urteil immer vor Augen haben. Das bedeutet, dass sie bei allen seinen Aussagen erst prüfen muss, ob sie dieses Mal stimmen oder eben nicht – ein enormer Aufwand.

Generell spart man sich viel Zeit und schont seine Nerven, wenn man seine Befürchtungen mit der betreffenden

Person direkt bespricht. Dazu vermittelt man ihr mutig, dass es für alle Beteiligten das Beste ist, sich auf die Fakten zu konzentrieren. So vermeidet man, dass das interne Beurteilungskonto irgendwann wegen Überfüllung gesperrt werden muss. Denn mit jeder Meinung, die unser Wächter an der Eingangspforte passieren lässt, vergrößert sich die Menge an Gedankenmüll. Irgendwann bringen die angesammelten Müllteilchen das Fass zum Überlaufen und enden im schlimmsten Fall in einem Burn-out mit Klinikaufenthalt und anderen unangenehmen, belastenden Begleiterscheinungen. Wenn es erst so weit gekommen ist, gleicht es einer Sisyphusarbeit herauszufinden, welche Blockaden, Sabotageprogramme, ungünstigen Meinungen, Beurteilungen, Vermutungen und Überzeugungen letztendlich den körperlichen und seelischen Super-GAU herbeigeführt haben.

Aus diesem Grund erläutere ich Ihnen jetzt lieber rechtzeitig, wie schnell sich Urteile und Vermutungen verselbstständigen können – und zwar an einem selbst erlebten Beispiel. Gestern habe ich einen Lieferanten aufgesucht, mit dem ich schon seit vielen Jahren gut und gerne zusammenarbeite. Während ich mit meinem zuständigen Berater plauderte, fragte ich beiläufig, wo denn die überaus freundliche Empfangsdame sei, die ich schon seit Längerem weder am Telefon gehört noch bei Besuchen gesehen hatte. Mit einer Flüsterstimme raunte er mir zu, dass man sie leider fristlos habe entlassen müssen, wie übrigens auch den mir bekannten freundlichen Kollegen Timo Groß. Natürlich konnte er mir keine Details dieses brisanten Falls verraten. Er ließ nur so viel verlauten, dass da irgendwelche

Dinge nicht ganz korrekt abgelaufen seien. Das lag bei einer solchen Kündigung ja auch nahe. In meiner Gedankenwelt spielten sich in Sekundenschnelle die verschiedensten denkbaren Szenarien ab, die sich in dieser Firma zugetragen haben könnten. Mein innerer Anteil, der von sich behauptet, über eine sehr gute Menschenkenntnis zu verfügen, war maßlos entsetzt. Die entlassene Dame am Empfang hatte mich in all den Jahren ausnahmslos zuvorkommend bedient, und es war mir bei den Besuchen in dem Unternehmen zu einem liebgewonnenen Ritual geworden, mich mit ihr über die verschiedensten aktuellen Weltthemen auszutauschen. Ich konnte mir beim allerbesten Willen nicht vorstellen, dass sie und ihr kompetenter Kollege Timo irgendetwas Unkorrektes getan haben sollten. Meiner Einschätzung nach hätte das viel eher zu ihrem gemeinsamen Chef gepasst. Der entsprach nämlich zufällig genau dem Bild, das ich mir aufgrund der vielfältigen Erfahrungen in meinen Trainings von einem arroganten, intriganten und narzisstischen Vorgesetzten gemalt hatte und der nur eins im Sinn hat: seinen Vorteil.

Bei unserem ersten Zusammentreffen vor einigen Wochen in seinen Geschäftsräumen bekam er demzufolge an der Eingangspforte meines inneren Wertesystems gleich die rote Karte gezeigt. Da hatte er eigentlich noch gar nicht so viel angestellt, wenn man davon absieht, dass er versucht hat, mir mit seiner streng nach hinten gekämmten Gelfrisur und seinem stylischen Anzug samt Einstecktuch und akkurat dazu passender Krawatte innerhalb von zwei Minuten eine neue Dienstleistung zu verkaufen, die ich überhaupt nicht benötigte. Jedenfalls war es dem Typen in

Windeseile gelungen, dass ich ihn überaus unsympathisch fand. Und ich gestehe: Mir unsympathischen Menschen traut mein inneres Bewertungssystem leider sehr viel Unschönes zu.

So begannen meine Vorurteile, Vermutungen und Meinungen in meiner Innenwelt mit ihm Roulette zu spielen. Ihn vor Augen setzte ich meinen gesamten Einsatz auf Schwarz. So schwarz, wie es wohl nur in der Hölle sein kann. Und mit Blick auf meine überaus freundliche, leider entlassene Empfangsdame setzte ich natürlich auf strahlendes, leuchtendes Rot. Ich malte mir aus, wie der Fall sich de facto zugetragen haben könnte, und bin sicher, dass die Szenen, die sich nun in meinem Kopfkino abspielten, einem Drehbuchautor viel Stoff für seinen nächsten Thriller geliefert hätten. Mein inneres Wertesystem und mein angeblich so treffsicherer Menschenkenneranteil hatten keinen Zweifel: Hier ist es zu einer Verwechslung von Opfer und Täter gekommen. Ein ganz mieses Spiel hat sich in dieser Firma zugetragen.

Als ich die Firma meines Lieferanten schon längst verlassen hatte und im Auto zurück ins Büro fuhr, dachte ich immer noch an die in den Vorfall verwickelten Personen. Sichtlich genervt von dem Eigenleben meiner Urteile und Vermutungen, traf ich die Entscheidung, mein Roulettespiel im Kopf zu beenden. Dafür setzte ich nun meinen gesamten Einsatz auf die grüne Null – ein Symbol für mich, in meiner Innenwelt eine neutrale und ausgeglichene Haltung zu allen Personen einzunehmen, die ich zuvor mit einer Farbe gekennzeichnet hatte. Um diese Neutralität herstellen zu können, traf ich die ganz bewusste Entscheidung, meine vorgefasste Meinung bezüglich eines arroganten, wie aus dem Ei gepellten Typs, der keine Hemmungen hat, einem die eigene Großmutter zu verkaufen, fallen zu lassen. Das war aber kein leichtes Unterfangen, wie ich Ihnen versichern kann. Geholfen hat mir meine Fähigkeit, mich auf die positiven Seiten eines Menschen zu fokussieren. Das können Kleinigkeiten sein. Einmal sind es die schönen Schuhe, die jemand trägt, ein anderes Mal die süßen Grübchen im Gesicht oder das extravagante Brillengestell, das ich bezaubernd finde.

Ganz nebenbei und am Rande und eigentlich in Klammern: Manchmal will ich mich gar nicht von unreflektierten Beurteilungen, Vermutungen und Meinungen über Personen oder Sachverhalte trennen. Manchmal ertappe ich mich förmlich dabei, dass ich mir einen Spaß daraus mache, jemanden unangenehm zu finden. Wundern muss ich mich dann natürlich überhaupt nicht, wenn er es mir gegenüber auch ist. Wie war das noch? Wir bekommen immer genau das zurückgespiegelt, was wir aussenden. Ist ja auch nicht schlimm. Wir müssen uns, wenn wir unsere Vorurteile dennoch ab und zu pflegen wollen, nur klarmachen, dass dadurch der Zugang zu unserer Kreativität verstopft wird. Vergleichbar ist diese Verstopfung in der eigenen Innenwelt mit einem dreckigen Abflussrohr in der Küche. Hat man zu viel sperrige Essensreste in den Abfluss des Waschbeckens gekippt, macht er nach einiger Zeit dicht und nichts geht mehr vor und zurück. Genau so verhindern Beurteilungen, Vermutungen und starre Meinungen einen klaren Blick auf das Wesentliche und schränken die Fähigkeit ein, gedanklich »durchlässig« zu sein und zu bleiben.

Wie sieht es nun bei Ihnen aus? Haben Sie Lust darauf bekommen, bei Ihrem inneren Beurteilungs-Roulettespiel häufiger auf die grüne Null, die neutrale, offene Sichtweise zu setzen? Wenn ja, tragen Sie gerade dazu bei, dass die Stäbe Ihres inneren Funktionskäfigs etwas beweglicher werden. Bis wir an den Punkt in diesem Buch kommen, bei dem sich die Gitterstäbe des Käfigs so verbiegen, dass Sie herausschlüpfen können, wird es vermutlich noch ein Weilchen dauern. Diese Information gebe ich Ihnen höchstvorsorglich schon mal hier, damit Sie nicht ungeduldig werden. Bleiben Sie also bei der Stange. Es lohnt sich.

Wie setzen Sie Ihre Prioritäten?

Natürlich darf in einem Kapitel, das sich mit dem *Detox-Programm für Ihren Kopf* befasst, das Thema Prioritätensetzen nicht fehlen. Vermutlich haben Sie diverse Zeitmanagement-Ratgeber in Ihrem Bücherschrank stehen, die mit Titeln wie ›Simplify your Life‹, ›Wenn du es eilig hast, gehe langsam‹ oder ›Die 4-Stunden-Woche‹ aufwarten. Und vermutlich haben Sie sie auch gelesen. Nur mit der Umsetzung im Alltag hapert es. Dabei würde es schon genügen, wenn man nur einen einzigen essentiellen Tipp, der mit Sicherheit in allen eben aufgeführten Ratgebern zu finden ist, befolgen würde. Nämlich als Allererstes die privaten Termine im Kalender festzuklopfen und erst danach die beruflichen. Damit wäre schon ganz viel gewonnen.

In meinem letzten Südafrikaurlaub lernte ich einen Mann kennen, der jahrelang in leitender Funktion eines größeren

Motorradunternehmens tätig war. Diesen attraktiven, aber stressigen Job gab er vor ungefähr zehn Jahren auf, da er nicht das gleiche Schicksal erleiden wollte wie sein Vater. Der war als selbstständiger Unternehmer auf dem Höhepunkt seines Erfolges viel zu früh und zu jung verstorben. Sein Sohn hat sich daher zum Ziel gesetzt, mit fünfundfünfzig Jahren aus dem aktiven, geregelten Arbeitsleben auszusteigen und bis dahin sein Geld mit einem wenig aufregenden Verwaltungsjob zu verdienen. Die fehlende Abwechslung im Beruf gleicht er mit interessanten kulturellen Highlights im Privatleben aus, seinen Urlaub plant er gleich zu Jahresbeginn und lässt ihn von seinem Vorgesetzten genehmigen. Um dieses Modell realisieren zu können, lebt er insgesamt sehr sparsam. Auch hat er einen Weg gefunden, während seiner Reisen seine Wohnung unterzuvermieten, so dass in dieser Zeit keine doppelten Kosten entstehen.

Jetzt möchte ich mit Sicherheit kein Plädoyer für einen stresslosen Nine-to-Five-Job halten. Abgeschaut habe ich mir von diesem Mann aber gern, dass meine beruflichen Termine sich den entspannenden und inspirierenden privaten Terminen – wenn irgendwie möglich – durchaus unterordnen dürfen. (Spaßeshalber habe ich vor Kurzem nachgeprüft, welches meine gewinnbringendsten Geschäftsjahre seit Firmengründung vor sechzehn Jahren waren. Und siehe da: Es waren die Jahre, in denen ich mir die meisten Urlaubstage genehmigt hatte. Sie sehen, wenn man es wirklich will, ist es gar nicht so schwer, berufliche und private Belange in einen gesunden Einklang zu bringen.)

Wie sieht es also mit unserem inneren Prioritätensystem aus? Existiert so etwas überhaupt, und wenn ja, wer hat dort wann die Reihenfolge festgelegt? Und kann sie eventuell nachträglich verändert werden? Fragen über Fragen. Am besten schauen wir uns dieses Thema am Beispiel meines Kunden Christoph an. Als sehr erfolgreicher selbstständiger Versicherungsmakler ist es ihm in den letzten achtzehn Jahren gelungen, seine Firma über die Landesgrenzen hinaus bekannt zu machen und einen elitären Kundenstamm aufzubauen. Sein Unternehmen ist seit geraumer Zeit auf einem gigantischen Expansionskurs und eigentlich müsste Christoph Tag und Nacht vor lauter Glück schreien. Macht er aber nicht. Im Gegenteil. Er fühlt sich ausgelaugt, lustlos, missmutig und abgespannt.

So haben wir uns seine interne Prioritätenliste vorgeknöpft und sind natürlich fündig geworden. Unangefochten auf Platz eins steht der Wille, allen Menschen zu beweisen, dass er in seinem Fach der Beste ist. Auf Platz zwei steht der Plan, sein Geschäftsfeld zu erweitern. Platz drei ist für das Benchmarking reserviert, so dass Christoph wirklich jede noch freie Minute damit verbringt zu prüfen, was die Konkurrenz so treibt. Und last but not least steht auf Platz vier der Vorsatz, bei Bedarf Tag und Nacht für seine Kunden da zu sein.

Es erstaunt nicht, dass Christoph mit einer solchen Liste im Kopf mit seiner Arbeit nie fertig wird. Jeder berufliche Termin hat Vorrang vor einem privaten Termin. Jeder private Wunsch, der an ihn herangetragen wird, muss zuerst durch sein strenges internes Prioritätenraster laufen, wobei das Ergebnis meist von vornherein feststeht: Er hat keine Zeit dafür. Kein Wunder, dass seine Freundschaften mehr oder weniger vor sich hin dümpeln und er von einer festen glücklichen Beziehung mehr als weit entfernt ist. Wenn es doch nur so einfach wie ein Fingerschnipp wäre, die unbewusst angefertigte interne Prioritätenliste zu verändern. Aber gehen wir der Reihe nach vor. Um überhaupt an eine Veränderung denken zu können, müssen wir erst herausfinden, wie es zu der derzeitigen Positionierung gekommen ist. Das ist alleine kaum zu bewerkstelligen, daher stelle ich Ihnen zwei Lösungsansätze vor, einen indirekten und einen direkten.

Der indirekte ist sehr einfach und erfordert lediglich, dass Sie genau zuhören, welche Kommentare und Bemerkungen Menschen, die Ihnen wohlgesinnt sind, nebenbei im Gespräch fallen lassen. Wenn Sie selbstkritisch sind, können Sie sehr interessante Schlüsse daraus ziehen.

Für den direkten führen Sie mit jemandem, der Sie bedingungslos so annimmt, wie Sie eben sind, ein Gespräch, sagen ihm, dass Sie gerade mit sich und der Welt im Unreinen sind, und fragen ihn dann geradeheraus, ob er eine Idee hat, woher das kommen könnte. Eine ehrliche Antwort, die Ihnen Seiten von sich aufzeigt, die Sie bis jetzt so noch nicht gesehen haben, erhalten Sie nur, wenn Sie Ihrem Gesprächspartner versprechen (und sich dann auch daran halten!), ihn bei Kritik nicht anzugreifen und auch nicht verletzt zu sein, wenn er Sie mit unangenehmen Dingen konfrontiert. Machen Sie sich klar, dass Ihre Bitte einerseits einen großen Vertrauensbeweis darstellt, ihn aber auch leicht in Bedrängnis bringen kann. Ich weiß, wovon ich spreche. Meine Freunde durften mit mir gerade durch so ein Thema gehen. Erst nach mehrmaligem Nachhaken, ob sie mir erklären können, warum ich zeitweise in so merkwürdige Situationen gerate, traute sich meine beste Freundin zu sagen: »Na ja, wenn man dich kritisiert, möchte man dem vernichtenden Anteil in dir lieber nicht gegenüberstehen.« Ehrlich gesagt war ich froh, dass sie mir das gesagt hatte, denn so konnte ich mir diesen Anteil genauer anschauen und Konsequenzen daraus ziehen. Seitdem lebe ich befreiter. Und wahrscheinlich nicht nur ich …

Christoph zum Beispiel könnte solche Antworten zu hören bekommen:

- Manchmal habe ich das Gefühl, dass du von Ehrgeiz fast zerfressen bist.
- Ist dir eigentlich bewusst, dass du immer gleich mit Kanonen auf Spatzen schießt, wenn sich dir und deinen Zielen etwas in den Weg stellt?
- Meinst du, das war wirklich eine gute Idee, deinen wichtigsten Mitarbeiter vor dem gesamten Team so bloßzustellen? Hättest du das mit ihm nicht unter vier Augen regeln können?
- Ich glaube, deine Freundin hat sich deshalb von dir getrennt, weil sich in deinem Leben alles nur um dich dreht.
- Eigentlich müsstest du bei deinem Erfolg tiefenentspannt sein. Du hast es doch gar nicht nötig, dich ständig mit Konkurrenten anzulegen und ihnen die Kunden auszuspannen.
- Christoph, hat dir schon mal jemand gesagt, dass du im Zeitraffer alterst?

Alle diese Aussagen sind definitiv ein Indiz dafür, dass er sich einem inneren, unsichtbaren Kampfprogramm verschrieben hat. Ein solches Programm entwickelt sich in einem Menschen, der allen möglichen Leuten durch sein Tun beweisen will, dass er der Beste ist. Demzufolge sind auf den obersten Plätzen seiner Prioritätenliste nur Handlungen positioniert, die ein schnelles Nachvornekommen garantieren. An Pausen, Ruhephasen und Urlaube ist da nicht zu denken. Das ist schade und gefährlich, denn Neurowissenschaftler sind sich darin einig, dass das Gehirn die Möglichkeit haben muss, zur Ruhe zu kommen, und auch ausgiebigen Schlaf benötigt, um gesund zu bleiben. Die Tatsache, dass es sich viel langsamer regeneriert als alle anderen Organe im Körper, verbietet es eigentlich, ohne Rücksicht auf Verluste durchs Leben zu rauschen. Und doch kann ich Ihnen schon an dieser Stelle verraten, dass bis jetzt jeder Kunde, der sich mit einem Burn-out zu mir in die Praxis geschleppt hat, unbewusst Aktionspunkte auf die ersten Plätze seiner Prioritätenliste gesetzt hatte, die aus einem inneren Kampfprogramm entstanden sind.

Folgen Sie mir nun in das nächste Unterkapitel. Dort widmen wir uns weiteren negativen Antriebsmotivationen.

Ich würde, wenn ich könnte ...

Schauen wir uns nun den Gegenspieler des internen Kampfprogramms an. Bestimmt kennen Sie aus Ihrem persönlichen und beruflichen Umfeld Menschen, die nicht müde werden zu begründen, warum Dinge, die für andere gelten, bei ihnen einfach nicht funktionieren. Ja, gar nicht funktionieren können! Sich mit ihnen auseinanderzusetzen ist sehr ermüdend und in der Regel auch nicht erfolgversprechend. Würden sie all die Kraft und Energie, die sie für ihre wortreichen Erläuterungen aufwenden, dafür benutzen, ihre Einstellung zu überdenken, wäre das ein großer Gewinn für sie und letztlich auch für andere. Tun sie aber nicht. Und meistens – das ist leider die traurige Erkenntnis – können sie es auch gar nicht. Denn auf dem ersten Platz ihrer inneren Prioritätenliste hat sich das Kümmerer-Gen eingenistet. Dieses Thema habe ich in anderem Zusammenhang im ersten Kapitel schon kurz angerissen.

Menschen, die dieses Gen in sich tragen, funktionieren nach dem Motto: »Erst kommen die anderen und dann ich.« Sie sind meist daran zu erkennen, dass sie in einer leisen, leicht unterwürfigen Opferstimme sprechen. Sie opfern sich für andere nicht aus einem inneren Bedürfnis auf, sondern weil sie sich dazu verpflichtet fühlen. Oft wurde ihnen diese Rolle irgendwann zugewiesen, sie haben sie angenommen und nie mehr aufgegeben. Sei es, dass sie als ältestes Kind von mehreren Geschwistern von ihren Eltern gezwungen wurden, sich um die Kleineren zu kümmern, sei es, dass ein Elternteil sehr früh verstorben ist und sie lernen mussten, diesen fehlenden Part in der Familie irgendwie zu ersetzen. So haben sie schon als Kind ganz zwangsläufig die eigenen Bedürfnisse und Wünsche stets nach hinten gestellt.

Auch kann das Kümmerer-Gen in einem Menschen aktiviert werden, der als Kind emotional von seinen Eltern vernachlässigt wurde, weil sie mit ihren eigenen Dingen beschäftigt waren oder ein Geschwisterkind bevorzugt haben. Zum einen möchten sie diese Erfahrung unbewusst anderen ersparen. Zum anderen ist ihr Verhalten regelrecht antrainiert, denn sie haben schon früh darauf geachtet, für andere etwas Nützliches zu tun, um wenigstens für kurze Zeit in der Familie gesehen zu werden. Und so zieht sich das Für-andere-da-Sein wie ein roter Faden durch ihr Leben. Abgesehen davon, dass mit dieser Konditionierung früher oder später der Punkt erreicht ist, an dem sie sich überfordert und ausgebrannt fühlen, verlieren sie auch immer mehr das Gespür für ihre eigenen Bedürfnisse und Wünsche und das, was sie selbst im Leben erreichen möchten. Das wiederum führt zu einem Gefühl der inneren Leere und zu Frust, denn sie können ja an anderen sehr schön beobachten, welchen Erfolg man zu generieren in der Lage ist, wenn man strategisch seine Ziele verfolgt.

Somit sind sie oft schon als kleiner Mensch in einen Funktionsmodus hineinkatapultiert worden, und die Tatsache, dass es immer jemanden gibt, um den sie sich kümmern können bzw. müssen, ist für sie gleichsam die Genehmigung, in ihrem Leben nichts ändern zu müssen. So rutschen sie immer tiefer und tiefer in ihr selbst gebautes inneres Gefängnis. Dennoch besteht auch für sie Hoffnung auf Erlösung, denn in allen Menschen ist die Fähigkeit angelegt, sich (wieder) auf sich selbst zu besinnen. Die Kunst besteht »nur« darin, diese manchmal zugeschüttete Fähigkeit aus der eigenen Innenwelt herauszulocken. In den späteren Kapiteln präsentiere ich Ihnen eine Vielfalt von Werkzeugen und Methoden, die Sie dabei unterstützen werden, wieder der eigene Chef oder die eigene Chefin in Ihrem Universum zu werden. Doch bevor Sie diese wertvollen Schlüssel von mir an die Hand bekommen, begleiten Sie mich noch eine Weile durch das Gebiet der Ursachenforschung, um zu erfahren, warum so viele Menschen und vielleicht auch Sie selbst mehr von außen gesteuert werden als von innen. Wenn man nicht weiß, warum man in welchen Situationen wie agiert, dann ist es leider auch sehr schwer, den passenden Schlüssel zur Tür des Funktionsgefängnisses zu finden. Damit Sie eine Idee davon bekommen, welche zusätzlichen behindernden Programme sich auf den ersten zehn Plätzen der internen Hitparade eines Prioritätensystems tummeln, schauen wir uns nun gemeinsam den nächsten Punkt an.

Drücken Sie doch einfach die Reset-Taste

An manchen Tagen wünsche ich mir für meine Kunden, es gäbe eine unübersehbare Reset-Taste oder einen Escape-Knopf in ihrer Innenwelt und alle ihre Probleme würden sich im Nu in Luft auflösen. Sichtbar deswegen, da Neurobiologen schon längst entdeckt haben, dass es einen molekularen Reset-Schalter im Gehirn gibt. Er bewirkt, dass die Neuronen sich an Umweltbedingungen anpassen und erholen können. So tauchen diese unsichtbaren Tasten erst dann im Tagbewusstsein auf, wenn man bereit ist, sich von alten Mustern, Einstellungen, Meinungen und Haltungen zu verabschieden. Wir haben bis jetzt nur einen kleinen Blick darauf werfen können, welche Umstände im Leben dazu führen, unklugen Programmierungen auf der eigenen internen Prioritätenliste einen Raum zu geben. Aus diesem Grund stelle ich Ihnen nun einen Auszug möglicher Programmierungen vor, die mir in den letzten Jahren bei Menschen aufgefallen sind, die sich emotional im Funktionskäfig befunden haben. Hierbei geht es um Ansagen und Schuldzuweisungen, die von innen kommen und an die Oberfläche drängen.

- Ich habe den Zug verpasst, als die große Chance vor meiner Tür stand, jetzt muss ich das im Leben nehmen, was kommt.
- Es zieht sich wie ein roter Faden durch mein Leben, dass ich immer den Kürzeren ziehe.
- Ich kann mich einfach nicht durchsetzen.
- Ich habe Angst vor Konflikten, also vermeide ich alle schwierigen Situationen.
- Irgendeiner muss es ja machen.
- Ich bin einfach nur müde.
- Wer Erfolg haben will, muss über seine Grenzen gehen.
- Das Leben ist einfach ungerecht. Glück haben nur die anderen.
- Bei meiner Historie wundert mich nicht, warum bei mir alles schiefläuft.
- Mich wundert es sowieso, wie weit ich im Leben gekommen bin bei diesen Eltern.
- Ich muss zufrieden sein mit dem, was ich habe. Anderen Menschen geht es viel schlechter als mir.
- In dieser Welt gibt es so viele Aufschneider und Blender, neben ihnen kann ich mich nicht behaupten.
- Wäre ich nicht auf diesen miesen Typen reingefallen, sähe mein Leben heute anders aus.

Sie bemerken schon am Klang der Wörter und an den fatalistischen Formulierungen, dass sich Menschen mit solchen Programmierungen in erster Linie selbst im Weg stehen. Eine derartige Unterstellung würden sie jedoch weit von sich weisen. Warum? Weil es leichter ist, den Grund seiner Befindlichkeit auf die äußeren Umstände zu schieben, die leider, leider nicht beeinflusst werden können.

Dennoch: Sollte Ihnen der eine oder andere Satz bekannt und vertraut vorgekommen sein, dann geben Sie sich einen Ruck und nehmen Sie sich vor, Ihre destruktive Programmierung zu überschreiben. Bitten Sie, wie bereits beschrieben, Ihnen vertraute und wohlgesinnte Menschen um deren Meinung und Hilfe. Der Blick von außen ist viel unverstellter als Ihr eigener. Ein kleiner Tipp von mir: Je mehr Sie sich gegen eine Vermutung wehren, die jemand als Ursache für Ihr Funktionsproblem anführt, umso mehr hat er oder sie ins Schwarze getroffen. Das Schwarze ist nämlich Ihr blinder Fleck. Manchmal reicht es schon aus, sich diesem blinden Fleck zu stellen und die in diesem Zuge hochkommenden Gefühle wie Scham, Angst oder Wut für einen Augenblick zuzulassen. Dann haben Sie etwas Wunderbares erreicht! Denn dadurch, dass Sie diese Gefühle ausgehalten und Ihren eigenen Anteil an Ihrer Lage akzeptiert haben, haben Sie unbewusst eine Grenze in Ihrer Innenwelt überschritten und so den Weg für Neues freigemacht.

Ob Sie sich schon jetzt von einigem Ballast aus Ihrem Kopf befreit haben, hängt davon ab, wie Sie gestrickt sind. Manchen gelingt dieser Prozess der Entgiftung fast nebenbei, indem sie während des Lesens Ihre eigenen Themen Revue passieren lassen. Andere haben das Buch zwischendurch zur Seite gelegt und anhand der Anregungen versucht herauszubekommen, welche kleinen Macken bei ihnen dafür verantwortlich sind, dass sie sich jahrelang mehr oder weniger freiwillig in einen Funktionskäfig gesetzt haben. Wieder andere lesen schnell weiter in der Hoffnung, dass dieses Elend bald ein Ende nimmt, weil sie gar nicht so deutlich vor Augen geführt bekommen wollen, dass sie selbst für sich und ihr Leben verantwortlich sind. Oder sie fühlen sich fast erlöst, da sie erkannt haben, dass ihre Herkunft und ihre Familienhistorie zwar ein guter Nährboden für Gefühle wie Hilflosigkeit und Unsicherheit waren, dass sie nun aber aktiv die Chance ergreifen können, diesen Boden umzupflügen.

Wie auch immer: Wenn Sie bereit sind, sich ehrlich den eigenen Mustern, Meinungen, Urteilen und Vermutungen zu stellen und die Ärmel hochzukrempeln, dann haben Sie schon einen großen Schritt in die richtige Richtung gemacht. Nichtdestotrotz tauchen wir im nächsten Kapitel noch eine Etage tiefer in Ihr Unterbewusstsein ein, um uns gemeinsam anzusehen, wie oft Sie sich im Leben selbst sabotieren. Lassen Sie sich davon überraschen, welche Glücksverhinderungsprogramme sich bei Ihnen eingenistet haben und wie Sie sie erfolgreich austauschen können.

KAPITEL 3

Tauchen Sie richtig tief ein in Ihre Innenwelten

Wie verborgene Verletzungen und Traumata in Ihrem Heute wirken

Wie kann es Ihnen gelingen, trotz aller Alltagsturbulenzen und eines eng getakteten Zeitplans Oasen der Ruhe und Regeneration zu finden und zu zelebrieren? Natürlich könnte ich Ihnen jetzt einfach all die Tricks und Tipps verraten, die ich im Rahmen meiner Trainingssessions über Jahrzehnte entwickelt habe. Damit Sie aber wirklich nachhaltig aus Ihrem kraftraubenden Funktionsgefängnis aussteigen können, ist es wichtig, dass Sie erkennen, wann, wo und wie Sie sich selbst im Weg stehen und so daran hindern, selbstbestimmt, entspannt und glücklich zu leben. Mit diesem Wissen im Kopf haben Sie Ihr Gefängnis nämlich schon zur Hälfte verlassen. Deswegen beschäftigen wir uns nun mit den noch tieferen Regionen der unbewussten Innenwelten, in denen unter anderem alle traumatischen Zellerinnerungen wohlbehütet aufgehoben werden.

Normalerweise ist das gesunde Gehirn so konditioniert, dass es alle von uns als belastend, herabwürdigend oder sogar existenzbedrohend erlebten Situationen verdrängt und in den Tiefen des Unterbewusstseins ablegt. Da sind sie fürs Erste auch gut aufgehoben, denn unser Unterbewusstsein sorgt dafür, dass die Erinnerung an diese schmerzlichen Situationen nicht mehr an unsere Haustür klopft. Der körpereigene Schutzmechanismus weiß es zu verhindern, dass die zu dem traumatischen Erlebnis gehörenden Emotionen an die Oberfläche gespült werden und unser Leben unnötig verkomplizieren. Verschwunden sind sie jedoch nicht! Weder aus unserer Psyche noch aus unserem Zellgedächtnis. Und aus diesem Grund können sie auch weiter wirken.

Bevor wir auf den nächsten Seiten die verschiedenen Abwehr- und Lösungsreaktionen des Körpers und der Psyche intensiver betrachten, stelle ich Ihnen nun zuallererst die verschiedenen Ausprägungen einer traumatischen Erinnerung vor. Als traumatisch werden nicht nur körperliche oder seelische Übergriffe, Auto- oder Badeunfälle, schwere Stürze, die Trennung der Eltern, der Tod oder eine Schwersterkrankung nahestehender Personen, der Verlust eines Kindes, eine unerwartete Kündigung oder das plötzliche Verlassenwerden vom Partner erlebt, sondern auch die Bloßstellung vor mehreren Menschen, Ausgrenzung, ungerechtfertigte Beschuldigungen, vollendete Tatsachen, die nicht mehr zu beeinflussen sind, das Übergangenwerden von Eltern oder innerhalb einer Gruppe, ein unfreiwilliger Ortswechsel oder auch Zeuge einer Straftat oder eines schlimmen Unfalls geworden zu sein. Die Liste ist lang, aber mit Sicherheit nicht vollständig.

In der heutigen Zeit stehen Menschen, die ein traumatisches Erlebnis zu verarbeiten haben, verschiedene therapeutische Angebote zur Verfügung, mit deren Hilfe sie lernen können, damit umzugehen und ein einigermaßen normales Leben zu führen. Als ich aufgewachsen bin (und bestimmt noch zwei Jahrzehnte danach), gab es diese Unterstützung für betroffene Personen nur ganz selten. Da mussten die meisten Menschen mit ihren Schicksalsschlägen und den daraus resultierenden Traumata allein fertig werden. Um die positiven wie auch die negativen Auswirkungen einer traumatischen Erfahrung im Hier und Jetzt zu demonstrieren, erzähle ich Ihnen eine Geschichte, die ich im Alter von fünf Jahren erlebte.

Unsere Familie war gerade in eine andere Stadt gezogen, als meine kleine Schwester eines Tages wie aus heiterem Himmel kaum noch Luft bekam. Ein herbeigerufener Kinderarzt diagnostizierte einen starken Husten und verließ nach kurzer Visite unser Mietshaus. Es verging keine Minute, als jemand wie besessen an unserer Haustür klingelte. Ich öffnete und ein uns noch unbekannter Nachbar stieß mich in höchster Aufregung zur Seite und rief laut: »Ist eines Ihrer Kinder krank?« Meine Mutter antwortete: »Ja, ist es«, und ehe sie noch irgendetwas anderes sagen konnte, schnappte sich der Nachbar meine kleine Schwester, stürzte mit ihr auf dem Arm die Treppe hinunter und wies uns an, sofort mit ihm ins Krankenhaus zu fahren. Das war das Beste, was wir tun konnten, denn meine Schwester war an einer schweren Lungenentzündung erkrankt und wäre bei Nichtbehandlung unweigerlich daran gestorben. So jedenfalls war der Befund der Ärzte. Der lebensrettenden Reaktion des Nachbarn war kurz vorher leider ein schlimmes traumatisches Erlebnis in seiner Familie vorausgegangen. Sein jüngstes Kind war durch die Falschdiagnose unseres neuen Kinderarztes ums Leben gekommen. Als er ihn nun aus dem Haus kommen sah, wurde er von der Ahnung gepackt, er könnte eine weitere Fehldiagnose gestellt haben.

Dies veranlasste ihn, so zu handeln, wie er es glücklicherweise getan hatte.

Natürlich hat mein Unterbewusstsein dieses schicksalhafte Erlebnis abgespeichert, Überlebensmechanismen und Lösungsansätze für mein zukünftiges Leben daraus entwickelt und diese dann in meiner damals noch jungen Innenwelt eingebaut. So prägte ich mir fest ein, dass man das Können von Ärzten sehr genau prüfen sollte. Sobald man ihre Diagnose in Zweifel zieht, konsultiert man lieber einen weiteren Spezialisten. Zusätzlich generierte ich aus diesem Vorfall die Fähigkeit, in Alternativen zu denken. Davon konnte ich in Notsituationen schon mehrfach profitieren: Ich behalte den Überblick und weiß genau, was zu tun ist – eine Kompetenz, die auch anderen zugutekommt, wenn Gefahr im Verzug ist (zum Beispiel im Straßenverkehr). Dass mein daraus resultierender Glaube an Wunder im Leben unerschütterlich ist, wird für niemanden überraschend sein.

Unbemerkt hatte sich aufgrund dieser Kindheitserfahrung aber noch ein weiteres Verhaltensprogramm in mein Leben geschlichen, eines, das sich viele Jahrzehnte später als gar nicht so günstig für meine Gesundheit entpuppte. Das kleine fünfjährige Mädchen war nach dem traumatischen Erlebnis mit seiner Schwester der Meinung, dass es jetzt wohl das Beste sei, wenn es sich zukünftig um das Wohlbefinden aller ihm nahestehenden Personen selbst kümmerte. So entwickelte ich mit den Jahren die Gabe, meinen inneren Radar so fokussiert einzustellen, dass ich sehr schnell spürte, wenn andere im Begriff waren, in eine missliche Lage zu geraten. Und nicht nur das. Ich hatte auch gleich jede Menge Lösungsmöglichkeiten für alle meine Lieben in meinem imaginären Werkzeugkoffer. Kein Wunder, dass diese Zugewandtheit allgemein als eine meiner besonders wertvollen Charaktereigenschaften angesehen wurde.

Leider geriet dieses emotional ziemlich aufreibende Helferverhalten, ausgelöst durch meine kindliche Verlustangst, irgendwann außer Kontrolle. Rückblickend betrachtet ist es nicht wirklich erstaunlich, dass ich vor acht Jahren selbst in einen gewaltigen Burn-out rutschte. Ich war damals beruflich wahnsinnig eingespannt und hatte gleichzeitig einige Freunde und Bekannte im Schlepptau, die ich durch ihre Lebensschwierigkeiten zu manövrieren versuchte. Teilweise belagerten mich diese aus der inneren Balance geratenen Menschen Tag und Nacht. Da ich wie ferngesteuert meinem inneren Kindheitsprogramm Folge leistete, war es mir entgangen, dass ich mir mit meinem Dauereinsatz für meine Lieben viel zu viel zugemutet hatte. Mein Körper allerdings bemerkte dieses Zuviel sehr wohl und zeigte irgendwann die typischen Reaktionen: Herzrasen, Schlaflosigkeit, nächtliches Gedankenkreisen und Angstzustände in Situationen, auf die ich mich nicht hatte vorbereiten können. Natürlich bin ich zu dieser Zeit nicht auf die Idee gekommen, dass die vielen Menschen, die ich da betreute, einen großen Teil meiner Kraftreserven raubten. Auch hätte ich es nie und nimmer für möglich gehalten, dass aus dieser einen traumatischen Erfahrung in unserer Familie ein solides Fundament für ein Funktionsgefängnis entstehen könnte.

Nachdem ich mich aber, dank vieler wunderbarer Gesundheitsexperten, physisch wieder aufgebaut hatte, begab ich mich auf die Suche nach den verborgenen Ursachen, die dafür verantwortlich waren, dass ich in meinem Leben zu oft und zu gut funktionierte. Denn eins war damals für mich glasklar: Nur das enorme berufliche Arbeitspensum konnte nicht der Grund für meinen körperlichen und psychischen Zusammenbruch gewesen sein. Also kam ich auf die Idee, eine Liste anzufertigen, in der ich alle größeren und kleineren Traumata aufzeichnete, die mir in meiner Kindheit und Jugend widerfahren waren. Und diese Liste war lang. Viel zu lang für einen so jungen Menschen. Themen wie die frühe Trennung meiner Eltern in einer Zeit, in der Frauen es generell nur selten wagten, aus für sie unerträglichen Lebensumständen auszubrechen, gehörten da noch eher zu den harmlosen Beispielen.

Jeder, der sich intensiv mit so einer Liste beschäftigt, wird viele Aha-Erkenntnisse gewinnen, da aus dem Unterbewusstsein wichtige Informationen in das Tagbewusstsein gespült werden. Ob man will oder nicht, man versteht plötzlich viel besser, warum man so tickt, wie man eben tickt. Das Verständnis für das eigene Handeln wird größer und der Blick auf das junge Ich gütiger. Dieser gütige und liebevolle Blick auf seinen inneren kindlichen Anteil hat zur Folge, dass als Zusatzgabe die normalerweise niemals ruhende Stimme des inneren Kritikers endlich einmal für einen Moment den Mund hält. Und das ist mehr als gut so! Heißt es nicht, wer sein Trauma nicht realisiert, ist gezwungen, es zu wiederholen? Sollten Sie jetzt also mit dem Gedanken spielen, schnell genau so eine Liste anzufertigen, dann stellen Sie bitte zuvor sicher, dass Sie auch umgehen können mit dem, was absehbar aus den Tiefen des Unterbewusstseins an die Oberfläche kommen wird. Für den Fall, dass Sie größere traumatische Erlebnisse durchleben mussten und sie noch nicht verarbeitet haben, rate ich Ihnen dringend, sich dafür professionelle Unterstützung zu holen und nicht irgendwelche Selbstversuche zu starten.

Gerne nehme ich an dieser Stelle schon einmal vorweg, wie ich mich aus meiner Kümmerer-Programmierung, entstanden aus dem frühkindlichen Schwesterntrauma, vor einigen Jahren befreit habe. Erinnert habe ich mich an die vielen verschiedenen Rollen, die jeder Mensch täglich unbewusst oder bewusst in seinem Leben einnimmt. Ich machte eine Bestandsaufnahme meines inneren Theaterensembles und entschied, die Rolle der ewigen Retterin abzugeben und stattdessen die der In-der-wirklichen-Not-bin-ich-da-Frau zu übernehmen. Diese Transformation war gar nicht mal so schwierig und hatte, bezogen auf meinen täglichen Arbeitsaufwand, eine enorme Wirkung. Nur noch Anregungen und Lösungen anzubieten, wenn man gefragt wird und wirklich Not am Mann oder an der Frau ist, das hat mein Leben sehr entschleunigt. Natürlich hat das nicht allen in meinem Umfeld gefallen. Schließlich hatten sie sich bisher darauf verlassen können, dass Diana das schon irgendwie macht. Da es aber genug Menschen gibt, die die Rolle der ewigen Retterin (tatsächlich sind es in der Regel Frauen) sehr gut ausfüllen, findet sich meistens leicht Ersatz.

Wie Sie sehen, können aus traumatischen Erlebnissen innere Programme entstehen, die unser tägliches Tun gewaltig sabotieren. Wir folgen dann vermeintlich vorgegebenen Mustern, die uns oft so in Beschlag nehmen, dass wir kaum Gelegenheit bekommen, uns zu entspannen. Grund genug, sie kritisch und ehrlich zu hinterfragen und gegen andere, gesündere auszutauschen.

Läuft in Ihnen ein Glücksverhinderungsprogramm?

Weiter geht es in die Untiefen der Innenwelt, um die verschiedenen Verursacher zu identifizieren, die Sie momentan daran hindern, ausbalanciert zu agieren, weil Sie sich getrieben fühlen. Wahrscheinlich ist Ihnen gar nicht bewusst, dass ein geheimer Code in Ihnen existieren könnte, der dafür sorgt, dass bestimmte Ziele, die Sie sich gesteckt haben, unerreichbar bleiben, obwohl Sie täglich mit Engagement, Elan, Intelligenz, Fleiß und Verlässlichkeit Ihre zu bewältigenden Aufgaben anpacken. Hätte man Kenntnis von den eigenen Verhinderungsprogrammen, könnte man sich manchen übereifrigen, kräftezehrenden Aufwand sparen. Mit ihm verbunden sind nämlich zu allem Überfluss meist ein Verlust der Motivation sowie das ohnmächtige Gefühl, sich aus dieser Hamsterrad-Endlosschleife wohl nie befreien zu können. Am Ende bleibt dann oft nur eine innere Leere übrig.

So entfalten verborgen im tiefen Inneren eines in einem Funktionskäfig gefangenen Menschen emotional aufgeladene Schwüre, negative Antriebsprogramme, Vermeidungsstrategien, ungünstige Lebensprogrammierungen, Abwehrsysteme und geheime Codes ihre Wirkung. Einfach ist es nicht, diese mutwilligen Zerstörungs- und Glücksverhinderungscodes zu enttarnen. Um sicherzustellen, dass wir das gleiche Bild vor Augen haben, wenn ich von einem

Glücksverhinderungsprogramm spreche, gebe ich Ihnen an dieser Stelle gerne ein paar Beispiele dazu.

Einem unbewusst selbst installierten Glücksverhinderungsprogramm zum Opfer gefallen ist jemand, der …

- sich immer wieder Vorgesetzte »aussucht«, die es als normal ansehen, dass man tagein, tagaus viele Überstunden absolviert.
- mehr als einmal versucht hat, sich von Süchten jeglicher Art zu befreien.
- sich stets in Partner verliebt, die bereits vergeben sind, am anderen Ende der Welt wohnen oder, um es einmal vorsichtig auszudrücken, so ausgeprägte Individualisten sind, dass ein halbwegs normales Leben mit ihnen eigentlich nicht vorstellbar ist.
- es immer wieder hinbekommt, von einer bereits erreichten Karrierestufe verdrängt zu werden.
- trotz toller Ideen und größtem Engagement mit allem, was er anfasst, kein Geld verdient.
- viel zu viel arbeitet und zu oft über seine physische Grenze geht, so dass er am Wochenende nur noch platt auf dem Sofa liegen kann.
- jede Krankheit mitnimmt, die gerade im Umlauf ist.
- sich nicht traut, das Leben zu leben, das er sich wünscht, obwohl er es könnte.
- das Geld, das er verdient, verschleudert.
- sich seit Jahren beruflich keinen Millimeter weiterbewegt, obwohl es sein sehnlichster Wunsch ist.

Alle oben genannten, beispielhaft sich wiederholenden Lebensmuster wurden mit hoher Wahrscheinlichkeit von einem oder gleich mehreren internen Glücksverhinderungscodes ausgelöst. Wie kam es dazu, dass sie sich in unserer Innenwelt einnisten konnten? Und in welcher Form treten sie in Erscheinung? Schauen wir sie uns einmal genauer an.

Entlarven Sie Ihre geheimen Schwüre aus der Vergangenheit

Wenn Sie sich aus Ihrem Funktionskäfig befreien möchten, wird Ihnen nichts anderes übrig bleiben, als sich auf die gründliche Suche nach Ihren Glücksverhinderungscodes zu begeben. Mit ein bisschen Zeitmanagement hier und einem Yoga- oder Tanzkurs da ist es leider nicht zu schaffen, sich nachhaltig aus seinem fremdgesteuerten Leben zu verabschieden.

Sind Sie bereit? Dann beginnen wir mit unserer detektivischen Entschlüsselungsarbeit.

Dazu tauchen wir beispielhaft in die Welt von Laura ein. Laura hat einen sehr guten Posten bei einer Verwaltungsgesellschaft. Sie ist morgens die Erste im Büro und meistens auch abends die Letzte. Sollte sie jemals auf die Idee kommen, ihre Überstunden abzufeiern, wäre sie wahrscheinlich ein halbes Jahr im bezahlten Urlaub. Natürlich hat ihr neuer Chef, übrigens der dritte innerhalb von zwei Jahren, schnell erkannt, dass Laura das ultimative Arbeitstier ist. Da er die Aufgabe hat, seine Abteilung auf links zu drehen, kann er von Glück sagen, dass Laura ihren Knopf zum Ausschalten und Ausruhen nicht mehr findet. Für Laura ist das eher ein Unglück. Nachdem sie mehrmals leichte Erkältungen nicht weiter beachtet hatte, erkrankte sie vor einiger Zeit an einer fiesen Bronchitis. Und als sei dies eine Art Startschuss für ihr aus dem Gleichgewicht geratenes Immunsystem gewesen, geben sich seitdem mehrere aus dem Nichts auftauchende Krankheitssymptome die Klinke in die Hand. Total erschöpft und mit den Nerven sichtlich am Ende rief sie letzte Woche bei mir an. Nach einem längeren Gespräch entschied sie sich dazu, dass wir gemeinsam versuchen herauszufinden, warum sie so wahnsinnig viel arbeitet, bzw. welcher geheime Pakt, Code oder Schwur in ihr existiert, der sie so agieren lässt, wie es ihr im Laufe der Zeit schon zur Gewohnheit geworden ist.

Wir brauchten gar nicht so lange zu suchen. Ihr Vater war früh an einem Herzinfarkt gestorben und ihre Mutter, die nie über diesen Verlust hinweggekommen war, begann irgendwann zu viel und zu oft Alkohol zu trinken. So blieb es nicht aus, dass Laura sich um ihren kleinen Bruder kümmern musste, wenn sie aus der Schule kam, und auch für den Haushalt war sie bald mehr oder weniger allein verantwortlich. Der Grundstein für ihr Funktionsgefängnis war gelegt und das Agieren aus ihm heraus fühlt sich mittlerweile für sie wie eine zweite Haut an.

Allein diesen Zusammenhang und den Ursprung ihres übertriebenen Pflichtgefühls im Beruf so deutlich vor Augen geführt zu bekommen, war für sie schon eine Form der Erlösung. Nie zuvor war es ihr in den Sinn gekommen, dass es für junge Mädchen nicht selbstverständlich ist, ohne

Vorbereitung in die Mutterrolle zu springen. Aber war das der einzige Grund, warum sich ihr bislang gesunder Körper gerade benahm, als hätte er sich mehrere Jahre fast verdurstend durch die Wüste geschleppt? Wir beide waren der Meinung, dass es sich lohnen könnte, noch tiefer in die Innenwelt zu tauchen, um vielleicht eine weitere Erklärung für ihren Fastzusammenbruch zu finden. Und siehe da, wir wurden fündig.

Was Laura nämlich gar nicht mehr präsent war, war die Tatsache, dass sie im Alter von fünfzehn Jahren einen inneren emotionalen Pakt mit sich geschlossen hatte. Der beinhaltete Folgendes: »Ich werde jetzt meine Pflicht tun und für die Familie da sein, aber irgendwann kommt die Zeit, da hole ich meine versäumte Jugend nach.« Warum löste sie ihn nicht ein und baute ihre unzähligen Überstunden ab? Weil sie sich schlichtweg nicht mehr an ihn erinnerte. Aber ihr Unterbewusstsein erinnerte sich noch sehr genau daran! Da sie nicht mehr wusste, dass sie sich ursprünglich nur für eine bestimmte Zeit dazu verpflichtet hatte, ihr eigenes Leben zugunsten ihrer Mutter und ihres Bruders hintanzustellen, meldete sich jetzt ihr Körper als Sprachrohr des Unterbewusstseins zu Wort. Und diese Aufgabe meisterte er mit Bravour.

Natürlich kann man beim Lesen dieser Geschichte denken: Das ist ja eine wirklich wilde und weit hergeholte Theorie! Kann man, muss man aber nicht. Für Laura, und das ist der springende Punkt dabei, fühlte sich dieser von ihr in der Pubertät geschlossene Pakt jedenfalls mehr als stimmig an. Kaum hatte sie den Zusammenhang erkannt, sprudelten aus ihr auch schon alle Träume heraus, die sie sich einst für ihr Leben ausgemalt hatte: zum Surfen nach Hawaii zu fliegen, die Natur und Tierwelt in Patagonien zu erkunden, auf einer Farm in Neuseeland zu arbeiten, mit dem Greyhound durch die USA zu fahren. Und wäre es nicht auch eine supercoole Sache, wenn sie ihre Lieblingsband auf deren Tournee begleiten würde? Ehrlich gesagt, muss ich gerade beim Schreiben aufpassen, dass ich nicht sofort den Laptop zuklappe und Laura hinterherreise, denn tatsächlich hat sie sehr spontan die Entscheidung getroffen, drei Monate aus ihrem Job auszusteigen und einfach nur das zu tun, wovon sie in ihrer Jugend sehnsüchtig geträumt hatte. Und einen weiteren wichtigen Entschluss hat sie gefasst: Wenn sie von ihrer Reise zurückkommt, wird sie sich nicht mehr mit Arbeit zuschütten lassen, sondern ihren Hobbys und Vorlieben Zeit und Raum geben. Ihr Überstundenkonto gibt da noch einiges her …

Sie konnten nun sehr schön an Lauras Beispiel erkennen, welche negativen physischen und psychischen Auswirkungen nur ein einziger Schwur aus der Vergangenheit im späteren Leben haben kann. Dabei ist es völlig unerheblich, ob man sich an ihn erinnert oder nicht. Sowohl ein Schwur, an den man sich über viele Jahre hinweg gebunden glaubt, als auch ein Schwur, der unbewusst in einem schlummert, kann eines Tages zu einer Glücksverhinderungsblockade und auch zu einer Erkrankung führen. Aber niemand muss jetzt in Panik verfallen. Nicht alles, was man irgendwann einmal aus einem Gefühl der Wut, des Trotzes, der Trauer, des Ärgers oder der Loyalität heraus so dahergesagt hat, wird sich unweigerlich zu einem kleinen Drama entwickeln.

Wie mächtig die Wirkung eines Geheimcodes ist, möchte ich Ihnen gern noch an zwei anderen Beispielen erläutern. Beiden Männern wurde, als sie Kinder waren, von ihren Eltern vorgehalten, sie seien nutzlos und dumm. Sie bräuchten zu lange, um etwas zu verstehen, und schafften es, in jedes Fettnäpfchen zu treten, das sich ihnen in den Weg stellt. Jetzt gibt es genau zwei Möglichkeiten, welche Art von Schwur daraus entstehen kann, und mit beiden Varianten habe ich fast wöchentlich in meinen Firmen- oder Einzeltrainings zu tun.

Der eine Betroffene, Thomas, hat sich im Alter von zehn Jahren geschworen, seiner Mutter zu beweisen, dass Männer keine Waschlappen sind. Von frühester Kindheit an hatte er erlebt, dass sein Vater, ein sehr empfindsamer und kreativer Mann, von seiner Mutter regelrecht untergebuttert und bevormundet wurde. Der andere, Matthias, schwor sich, dass er seinem Vater niemals im Leben die Gelegenheit geben wird, vor anderen mit den beruflichen Erfolgen seines Sohnes zu prahlen und sie womöglich als das Ergebnis seiner guten Erziehung und Unterstützung zu verkaufen. Diese Unterstützung hatte er nämlich nie erfahren. Im Gegenteil, der seelische Schmerz, ständig vom eigenen Vater abschätzig behandelt zu werden, hat ihn aus einem jugendlichen Rachegefühl heraus bewogen, diesen Schwur zu leisten. Wie hat er sich also erfüllt? Indem Matthias aufgrund seiner Intelligenz immer wieder kleine Erfolge erzielte – kleine! Nicht groß genug für seinen Vater, um sich damit vor anderen brüsten zu können. Der Vater setzt nun vielmehr alles daran, dass niemand auf die Idee kommt, ihn danach zu fragen, was denn sein ältester Sohn Matthias beruflich Großartiges auf die Beine gestellt hat. Und wenn doch, hat er sich schon eine Antwort zurechtgelegt: »Och, Matthias hat einfach keine Lust, die ›Nebenwirkungen‹ einer ständig nach oben führenden Karriereleiter zu akzeptieren. Er will in keinem Hamsterrad landen.« Das klingt nicht berauschend, ist aber zumindest nachvollziehbar.

Mit seinem frühen Schwur hat Matthias also sein Ziel erreicht, den Vater abzustrafen, allerdings – und das ist das Tragische daran – hat er sich damit gleich mitbestraft. Ein Volkswirtschaftsstudium im vorletzten Semester abzubrechen, obwohl man das Zeug dazu gehabt hätte, ein begnadeter Wirtschaftsanalyst zu werden, ist nicht wirklich befriedigend und auch nicht rühmlich für das eigene Ego. Kein Wunder, dass er sich selbst fertigmacht, weil er so wenig im Leben auf die Reihe bekommt. Das ist übrigens eine sehr feine, subtile Form von Stress, das eigene Selbstwertgefühl laufend zu untergraben. Und darum arbeiten wir gerade daran, den Schwur zu entschärfen.

Und Thomas? Wie ist es ihm mit seinem Schwur ergangen? Er, der seiner Mutter beweisen wollte, dass Männer keine Waschlappen sind, verausgabt sich täglich bis zur totalen Erschöpfung, um seine Firma immer weiter nach oben zu bringen. Die Menschen, mit denen er beruflich zu tun hat, könnten alle dem Who's who der deutschen Industrie entsprungen sein. Kein Problem ist ihm knifflig genug, um es nicht lösen zu wollen. Sein Ansehen in der Gesellschaft ist hoch. Aber das, was ihm fehlt, ist sein Seelenfrieden. Er kann sich jeden finanziellen Wunsch erfüllen, steigt in den teuersten Hotels der Welt ab und ist tief in seinem Herzen unglücklich. Der Schwur hat ihn zu Höchstleistungen angetrieben, aber auf dem Weg zu diesem bahnbrechenden Erfolg hat er sich selbst verloren. Ein sehr hoher Preis, den er für seinen pubertären Schwur gezahlt hat!

Bestimmt haben Sie schon während des Lesens heimlich darüber nachgedacht, welche Schwüre Sie bereits vor Jahren eingegangen sind, die im Heute noch wirken und dazu geführt haben, dass Sie in Ihrem Leben nicht das tun, was Sie eigentlich wollen. Das ist sehr gut so! Dann haben wir doch schon wieder etwas vom Gerüst Ihres Funktionskäfigs abgebaut. Für diejenigen Leser, die sich an keinen unklugen Schwur aus ihren Jugendjahren erinnern können, habe ich folgende Übung parat:

ÜBUNG:

Überlegen Sie sich, welche Lebenssituationen Sie relativ leicht in Rage bringen. Notieren Sie diese Situationen und schreiben Sie gleich dazu, welche Personen aus Ihrem persönlichen Umfeld mit diesem Ärger und der Wut verbunden sind. Dann definieren Sie, welche Eigenschaften dieser Personen es insbesondere sind, die Sie auf die Palme bringen. Garantieren kann ich Ihnen, dass diese Eigenschaften sich auch in den Verhaltensweisen Ihrer Familie widerspiegeln. Wenn Sie das passende Familienmitglied zu der auslösenden Emotion identifiziert haben, dann stöbern Sie in Ihren Erinnerungen nach einer Begebenheit, die Sie sehr aufgewühlt hat. Mit diesem Bild vor Augen ist die Chance recht groß, dass Sie auf Ihren erfolgverhindernden Schwur kommen, der Sie bis heute unsichtbar durch ihr Leben leitet.

Manchmal reicht es schon, sich den eigenen emotionalen Schwur bewusst zu machen, damit dessen Wirkung nachlassen kann. Im Fall von Thomas ist es genau so geschehen. Thomas konnte sich in unserer Trainingssession genau an die Szene erinnern, in der er in seinem Jugendzimmer saß und die Wut auf seine Mutter in diesen geheimen Schwur gelenkt hat. Mit seinem Wissen und der Einsicht von heute konnte er seinen pubertären Schwur entkräften (dazu später mehr). Bis heute habe ich noch niemanden getroffen, der nicht mindestens einen, wenn nicht sogar mehrere geheime Kinder- oder Jugendschwüre in seiner Innenwelt beherbergt. Kommen wir nun also zu den familiären Verpflichtungsschwüren, die überproportional häufig dafür verantwortlich sind, dass Menschen emotional in eine Schieflage geraten.

Was sind familiäre Verpflichtungsschwüre?

War es bei den destruktiven Gedanken, die ich im zweiten Kapitel beschrieben habe, noch möglich, sie durch Selbstreflexion, Offenheit und Kritikfähigkeit aktiv zu verändern, ist das bei den internen geheimen Schwüren oder familiären Verpflichtungsprogrammen nicht mehr der Fall. Und zwar aus dem einfachen Grund, weil sie erst dann im Außen sichtbar werden, wenn sich die Sabotagewalze schon in Gang gesetzt und der inneren Balance, der Gesundheit, dem Erfolg oder dem Lebensglück bedrohlich genähert hat. Es gibt keine vorherige freundliche Ankündigung aus der Innenwelt à la: »Aus gegebenem Anlass weisen wir darauf hin, dass unser inneres Koordinatensystem einem Sabotageakt zum Opfer gefallen ist. Achten Sie also bitte ab sofort genauestens darauf, worüber Sie wie mit wem sprechen. Halten Sie sich von Personen fern, die ansteckende Krankheiten haben, und lassen Sie Ihren Ehe- oder Lebenspartner nicht unbeaufsichtigt auf Festivitäten, bei denen die Gefahr einer feindlichen Übernahme bestehen könnte. Achten Sie zusätzlich auf Ihren Körper, verausgaben Sie sich in keiner Weise und lesen Sie bei allen zu unterschreibenden Verträgen auch das Kleingedruckte. Sollten vermehrt aus dem Nichts windige Menschen in Ihrem persönlichen Umfeld auftauchen, halten Sie bitte Fenster und Türen verschlossen.« Nein, so eine Ankündigung gibt es nicht. Diese zerstörenden Programme sind geruchlos, geschmacklos, lautlos, unsichtbar und damit so gefährlich wie Kohlenmonoxid, wenn es aus undichten Gasleitungen strömt. Die Wirkung kann verheerend sein. Viele Menschen – und vielleicht auch Sie selbst – sitzen, zur Handlungsunfähigkeit verdammt, in selbstgebauten inneren Funktionsgefängnissen, in die sie durch familiäre Verpflichtungsschwüre geraten sind, die sich anfangs überhaupt nicht als Zerstörungsprogramm gezeigt haben.

Betrachte ich rückwirkend die Fälle all der Personen, die mich mit Burn-out-Symptomen in meiner Coaching-Praxis aufgesucht haben, dann haben sie dies gemeinsam: Alle diese Kunden folgten im Inneren einer großen familiären Verpflichtung gegenüber Eltern oder Geschwistern.

Da war zum Beispiel die junge Frau, die seit vielen Jahren an Bulimie litt, da sie unbewusst für ihre Mutter klein bleiben wollte. Ihre Mutter hatte einst den sehnlichsten

Wunsch gehabt, viele Kinder in die Welt zu setzen, doch sie bekam nur ein einziges: ihre Tochter Rebecca. Es entwickelte sich eine fast symbiotische Beziehung zwischen Mutter und Tochter, in deren Verlauf Rebecca einen familiären Verpflichtungsschwur einging und ihm auch folgte, indem sie rein äußerlich ein kleines, zartes Kind blieb. Mit zunehmendem Alter kollidierten jedoch ihre Ziele und Wünsche für ihr eigenes erwachsenes Leben mit diesem kindlichen Verpflichtungsschwur. Das Ergebnis waren andauernde, langanhaltende Migräneschübe, die es Rebecca unmöglich machten, ein eigenständiges Leben zu führen. Die Lösung aus diesem Dilemma waren eine zeitlich begrenzte Trennung von ihrer Mutter und eine sorgfältige ärztliche Betreuung. Dies gab Rebecca die Chance und Kraft, aus ihrem Schwur auszusteigen. (Glücklicherweise ist es nur in Ausnahmefällen notwendig, sich für eine gewisse Zeit von den Personen zurückzuziehen, die der Auslöser für einen familiären Verpflichtungsschwur waren.)

Gerne gebe ich Ihnen einen kleinen Überblick darüber, welche verschiedenen Inhalte ein familiärer Verpflichtungsschwur haben kann, der einen Menschen irgendwann daran hindert, ein selbstbestimmtes Leben zu führen:

- Da mein Vater beruflich seinen Traum nicht leben konnte, verzichte ich auch darauf.
- Ich werde die Schulden meiner Eltern übernehmen und allen zeigen, dass wir eine ehrbare Familie sind.
- Ich bin für das Glück meiner Eltern verantwortlich und werde immer für sie da sein.
- Da mein Vater ein Leben lang von meiner Mutter drang-

saliert wurde, werde ich mich immer schützend vor ihn stellen.
- Ich übernehme die Trauergefühle meiner Mutter an ihrer Stelle.
- Da es meiner Mutter nicht gelingt, den richtigen Mann zu finden, will ich auch keinen Mann.
- Nach dem frühen Tod meiner Mutter bin ich für das Wohlergehen meines Vaters zuständig.

Solange es einem Menschen gut geht und in seinem Leben alles weitgehend nach Plan läuft, wird er sich keine Gedanken darüber machen, ob es in seiner Innenwelt eventuell eine ungünstige Programmierung, Codierung oder gar einen geheimen Verpflichtungsschwur geben könnte. Das ist auch meistens richtig so, denn wo es keinen Kläger gibt, da benötigt man auch keinen Richter. Doch das Leben wäre nicht das Leben, wenn nicht zwischendurch kleinere oder größere Turbulenzen und Hindernisse auftauchen würden. Am Anfang einer Hindernisserie vermutet man naiv, dass gerade Herr oder Frau Zufall kurzfristig ihr Unwesen treiben. Wenn aber in immer kürzeren Abständen Blockaden und unangenehme Situationen auftauchen, dann wird es Zeit, hellhörig zu werden. Vor allen Dingen dann, wenn sie Formen annehmen, die man bisher nur von der Kinoleinwand kannte. Aber so ist es nun mal: Es gibt unglückliche und ungünstige Lebensereignisse, die kann kein Mensch verhindern. Wenn man keine logische Erklärung für sie hat, spricht man von Schicksal oder Bestimmung. Und wer weiß schon, wo wirklich die Wahrheit liegt?

So verändern Sie Ihre unbrauchbar gewordenen geheimen Schwüre

So wie manche Ärzte vor dem Phänomen stehen, dass schwerstkranke Menschen wie durch ein Wunder beschwerde- und befundfrei werden, so grenzt es auch an ein Wunder, wenn man in seiner Innenwelt den richtigen Schalter findet, der einen geheimen Schwur auflöst. Aber es ist möglich – wenn auch nicht mit dem Verstand. Alte Schwüre, die uns im Heute behindern, können nur durch eine liebevolle, verzeihende und vergebende innere Haltung aufgelöst werden.

Gerne demonstriere ich Ihnen ein solches Auflösungsritual für geheime Schwüre oder familiäre Verpflichtungsprogramme am Beispiel von Thomas. Sie erinnern sich? Er hatte sich geschworen, seiner Mutter zu beweisen, dass Männer keine Waschlappen sind. Nun sollte er sich Folgendes vorstellen: Die Person, die der Auslöser für seinen geheimen Schwur war, also seine Mutter, sitzt ihm gegenüber. Er soll ihr etwas sagen. Von außen betrachtet wirkt diese Zeremonie fast schon wie ein schamanisches Ritual, man benötigt glücklicherweise aber weder Trommeln noch Federn noch Rauch dazu. Wäre es nach Thomas gegangen, hätte er für dieses Auflösungsritual folgende Worte gewählt: »Pass jetzt gut auf, Mama! Du hast dich mir und meinem Vater gegenüber früher oft sehr verletzend und demütigend verhalten und ich hoffe, du hast langsam kapiert, dass dir das alles nichts genützt hat. Du musst leider akzeptieren, dass Männer alles andere als Waschlappen sind. Ich muss dir das ab heute nicht mehr beweisen, ist das klar?!« Mit dieser Formulierung hätte Thomas jedoch keinen Blumentopf gewonnen, geschweige denn einen geheimen Schwur aufgelöst. Warum? Weil das positive, verzeihende Element fehlt, das zu einer Auflösung unabdingbar dazugehört.

Besser sagt er also: »Liebe Mutter, das Schicksal wollte es, dass wir einen Teil unseres Lebens gemeinsam gehen, um gemeinsame Erfahrungen zu machen. Als ich klein war, hast du dich mir gegenüber sehr verletzend verhalten. Heute weiß ich, dass du in deiner Kindheit selbst vielen seelischen Verletzungen, ja sogar Schlägen ausgesetzt warst. Dein damaliges Verhalten, das ich als schmerzhaft erlebt habe, hat mich aber angetrieben, das Beste aus mir und meinen Fähigkeiten zu machen, und nur für diesen Teil möchte ich dir danken. Denn eins ist mir in den letzten Jahren bewusst geworden: Ohne diesen inneren geheimen Schwur, dir beweisen zu wollen, dass Männer sehr erfolgreich sein können, wäre meine Firma niemals so groß geworden. Ich werde weiterhin erfolgreich sein, da meine Talente, meine Erfahrung, meine Expertise und meine Mitarbeiter dafür Sorge tragen werden. Aus diesem Grund verabschiede ich mich von meinem geheimen Schwur und löse ihn in Liebe auf. Schau du, liebe Mutter, freundlich auf mich, wenn ich nun sehr viel entspannter und gelassener durch mein Leben gehe. Auch ich wünsche dir nur das Beste.«

Solche oder ähnliche Sätze kann nur derjenige formulieren, der in seiner Innenwelt Frieden mit seiner Vergangenheit geschlossen hat. Um Frieden schließen zu können, sollte man seinen alten, nun wieder aufkommenden Gefühlen wie Wut, Ärger, Hass, Trauer oder Rache genug Raum geben, wo sie sich zeigen können. Das gelingt mit professioneller Hilfe am besten. Nur ganz wenige schaffen es alleine, beispielsweise über den Sport, diese Gefühle auszutarieren. Erst wenn sie sich wirklich verflüchtigen und man in einen Zustand der inneren Neutralität kommt, ist es möglich, geheime Schwüre, Codes und familiäre Verpflichtungsprogramme aufzulösen. Der wirklich anstrengende Teil des Rituals besteht also darin, sich mit seinen verdrängten Gefühlen auseinanderzusetzen.

Um das selbst gebaute Funktionsgefängnis verlassen zu können, sind einige Opfer zu bringen. Man muss bereit sein, Schuldzuweisungen an andere zurückzunehmen und Menschen zu verzeihen, die einen verletzt haben. Mehr noch: Man muss bereit sein zu akzeptieren, dass man ganz alleine die Entscheidung getroffen hat, sich in ein solches Gefängnis zu sperren. Und letztlich muss man die Verantwortung für sein Handeln in der Vergangenheit übernehmen. Das schmeckt nicht jedem. So ist das Schwierigste in diesem Auflösungsprozess immer der Gang über das eigene Ego.

Wüsste nur jeder, der sich auf diesen anstrengenden Weg begibt, wie entspannt und friedvoll das Leben nach Auflösung der verschiedenen Blockaden sich gestalten wird, würde er nicht zögern, sofort damit zu starten. Es gibt sehr viele verschiedene Möglichkeiten, sich dieser Fesseln in Form von Schwüren zu entledigen. Da es viel zu weit führen würde, sie alle aufzuzählen, gebe ich Ihnen am Ende des Buches noch einige weiterführende Buchtipps zu diesem Thema. Jetzt tauchen wir erst mal in die tiefste Ebene Ihrer Innenwelt ein.

Der lange Arm Ihrer Grundbedürfnisse

Nahezu jeder Mensch trägt ein großes emotionales Bedürfnis mit sich herum, das in seiner Kindheit nicht ausreichend gestillt wurde. Für den einen ist es das Bedürfnis, gesehen zu werden, für den anderen das Bedürfnis, Rückendeckung zu erfahren. Wieder ein anderer möchte sich einfach nur sicher fühlen, gehalten und geliebt werden oder etwas ganz Besonderes sein. Diese beispielhaften Grundbedürfnisse sind aus den tiefsten Emotionen eines menschlichen Wesens entstanden zu einer Zeit, als es schutzlos war, angewiesen darauf, dass die Eltern sich gut darum kümmern, dass dieses kleine Etwas überlebt.

Viele Menschen haben das emotionale Grundbedürfnis, gesehen zu werden. Ganz banal aus dem Grund, da sie in ihrer Kindheit irgendwie funktionieren mussten. Gerade in meiner Generation standen die Kinder oft nicht im Mittelpunkt einer Familie, sondern sind eher einfach mitgelaufen und irgendwie groß geworden. Nur wenn Gefahr im Verzug war, griffen die Erziehungsberechtigten unterstützend ein. Das hat sie einerseits zu selbstständigen Menschen gemacht, frei nach dem Motto: Hilf dir selbst, sonst hilft dir keiner. Andererseits fehlte ihnen die emotionale Rückendeckung. Ein Erwachsener, der sich in seinem Leben eingerichtet hat und bei allen wesentlichen Dingen selbst zu helfen weiß, nimmt dieses emotionale und noch immer nicht (restlos) gestillte Grundbedürfnis aus der Kindheit in seinem Tagesablauf meist gar nicht wahr. Wird es jedoch durch irgendwelche äußeren Umstände angesprochen, kann es sich mehr als deutlich bemerkbar machen.

(Der ultimative Super-GAU tritt übrigens ein, wenn zwei Menschen die Fähigkeit haben, sich nachhaltig in ihrem gegenseitigen Urschmerz zu berühren. Diesen Zustand finde ich fast immer vor, wenn ich in Firmen oder in Familien gerufen werde, in denen scheinbar unüberbrückbare Differenzen an der Tagesordnung sind.)

Auch bei meiner Kundin Cornelia heißt das emotionale Grundbedürfnis »gesehen werden wollen«. Sie wurde in eine kleine Handwerkerfamilie hineingeboren, als die Firma der Eltern gerade in der Aufbauphase war. Das hatte zur Folge, dass sie tagsüber größtenteils in unterschiedliche Hände gegeben wurde, die sich um sie kümmern sollten. Das Gute daran: Cornelia war von frühester Kindheit an fremden Menschen gegenüber sehr aufgeschlossen. Andererseits fühlte sie sich nirgendwo, auch nicht in ihrer eigentlichen Familie, dazugehörig und wirklich »gesehen«. Vier Jahre nach ihr wurde ihre kleine Schwester geboren, und da die Firma der Eltern mittlerweile sehr gut lief, konnte die Mutter etliche Verwaltungsarbeiten leicht von zu Hause erledigen. So kam die kleine Schwester für viele Stunden des Tages in den Genuss der Mutter, die sich ihrerseits freute, nun endlich Zeit für ihr Baby zu haben – was Cornelias nicht erfülltes Grundbedürfnis nur noch vergrößerte.

Ohne sich dessen bewusst zu sein, blieb es wie ein Abo, das man nicht kündigen kann, in ihr bestehen und zeigt sich nun plötzlich sehr schmerzhaft in ganz anderen Situationen: In Sitzungen werden ihre Beiträge nicht beachtet, bei Beförderungen wird sie seit Jahren übergangen, andere Kollegen lassen sie nicht ausreden und neulich hat ihr Vorgesetzter noch während sie sprach den Raum verlassen. In solchen Momenten muss sie sich sehr zusammenreißen, um nicht ausfallend zu werden. Wenn es sie einmal ganz schlimm erwischt und der hochgespülte Schmerz kaum noch zu ertragen ist, fängt sie an zu zittern und hat das Gefühl, komplett die Kontrolle zu verlieren. Das passiert ihr auch, wenn sich ihr Lebensgefährte zu lange auf einer Party mit einer anderen Frau unterhält und diese auffällig oft am Kichern ist.

Was aber hat ein Grundbedürfnis damit zu tun, ob jemand in einem Funktionsgefängnis gefangen ist oder nicht? Viel! Bleiben wir bei dem Bedürfnis, gesehen zu werden. Je größer die Sehnsucht eines Menschen ist, es erfüllt zu bekommen, desto größer ist auch seine Bereitschaft, alles nur Menschenmögliche dafür zu tun – wenn nötig, indem er täglich über seine physischen und emotionalen Grenzen geht. Das fängt mit dem fleißigen und zügigen Abarbeiten aller eigenen Aufgaben an und hört mit der bereitwilligen Übernahme von Tätigkeiten auf, die andere nur allzu gern abgewälzt haben. Irgendwann, so denken sie, wird das doch auch jemand sehen!

Das Schlimme dabei ist, dass sie es vermutlich gar nicht genießen könnten, wenn es dazu käme, denn im Mittelpunkt zu stehen ist für sie kaum auszuhalten. Also gönnen sie sich auch keine Pause zum Verschnaufen und Erholen, sondern nehmen gleich ihr nächstes Ziel ins Visier. Nur nicht anhalten, so lautet die interne Programmierung. Dieses gesundheitsschädigende, auf einem nicht erfüllten Grundbedürfnis basierende Verhalten findet man bei fast allen Menschen, die sich eine geraume Zeit lang gnadenlos überfordern und stoisch funktionieren, bis sie irgendwann kalt erwischt werden und sich in einem Burn-out wiederfinden, oft ausgelöst durch einen unangemessenen Spruch, eine nicht ernst gemeinte Bemerkung, einen falsch verstandenen Konter oder gedankenloses Übergangenwerden.

Leider kann ich Ihnen hinsichtlich Ihres Grundbedürfnisses kein Auflösungsritual liefern. Es gibt schlichtweg keins. Sie können nur mit viel Geduld und Eigenliebe dafür sorgen, dass es zu guter Letzt doch noch – wenn auch nicht von den Eltern, von denen Sie es sich gewünscht hätten – erfüllt wird. Der erste Schritt aus Ihrer inneren Misere ist demzufolge der gleiche wie bei den geheimen Schwüren und familiären Verpflichtungsprogrammen: Sie stellen sich ihm und akzeptieren, dass es zu Ihnen gehört. Im zweiten Schritt beginnen Sie damit, sich selbst das fehlende Gefühl zu geben, das Sie seit Jahren so sehr vermissen. So erreichen Sie, dass die Abstände, in denen Sie abrupt von ihm eingeholt werden und dann nur noch unkontrolliert darauf reagieren können, immer größer werden und irgendwann ganz verschwinden. Wie stellt man das an? Erlauben Sie sich, auch einmal etwas nur für sich selbst zu tun. Gewöhnen Sie sich an, sich für etwas zu loben, das Ihnen gut gelungen ist. Schenken Sie sich die Aufmerksamkeit, die Sie nach so vielen Jahren verdient haben!

Befreien Sie sich von den magischen Botschaften Ihrer Herkunftsfamilie

Wir haben mit dem letzten Unterkapitel endlich die ultimativ tiefste Ebene erreicht, auf der emotionale Schmerzen beherbergt sind, die unser Leben oftmals so kompliziert machen. Von nun an geht es nur noch bergauf. Wer sich getraut hat, seinem größten Urbedürfnis in die Augen zu schauen, der kann alles im Leben bewerkstelligen. Für den ist auch die Auflösung der geheimen Schwüre und familiären Verpflichtungsprogramme kein Ding der Unmöglichkeit mehr.

Es ist schon erstaunlich, dass Aussagen, die unsere Eltern oder sonstige uns nahestehende Personen einmal über uns getroffen haben, auch Jahre später noch eine fast magische Sogwirkung auf uns haben können. Das gilt für die positiven genauso wie für die negativen. Je öfter sie uns oder auch anderen gegenüber getroffen wurden, umso größer ist die anziehende Wirkung. Ein Kind, dessen Talente gefördert und unterstützt werden, hat große Chancen auf späteren beruflichen Erfolg. Umgekehrt können, wie ich Ihnen bereits weiter vorn an den Beispielen von Thomas und Matthias geschildert habe, herablassende Äußerungen von Personen, die eine große Bedeutung für uns haben, Schwüre und Programme auf den Plan rufen, die uns das Leben verdammt schwer machen. Und selbst wenn wir sie überwunden glauben, ist nie gänzlich auszuschließen, dass sie irgendwann, wenn wir nicht mit ihnen rechnen und sie auch in keinen Zusammenhang mit unserem Scheitern bringen, wieder in Erscheinung treten. Das ist das Tückische daran.

Man kann sich das ungefähr so wie bei einem Feuer vorstellen, von dem man glaubt, es sei abgebrannt. Inmitten der Asche, ganz unten versteckt, glimmt manchmal doch noch ein klitzekleiner Funken. Fegt unglücklicherweise ein starker Windzug darüber hinweg, entfacht er aufs Neue und löst im schlimmsten Fall einen unkontrollierbaren Flächenbrand aus.

Meine Kundin Janine hat eine ganze Weile gebraucht, um diesem Zauber ein Ende zu setzen. Sie ist Lehrerin an einer Gesamtschule und bekommt von ihren Schülern sofort gespiegelt, wenn in ihrer Innenwelt etwas außer Balance geraten ist. Ja, manche von ihnen haben den Instinkt von wilden Tieren, die genau riechen und spüren, ob ihr Opfer leicht zu überwältigen ist. Aber fangen wir mit der Geschichte von vorne an. Janine hat ihren Beruf gewählt, weil sie sehr gern mit Kindern und jungen Menschen arbeitet und ihr die Vermittlung von Wissen, Werten und Benehmen ein großes Anliegen ist. Ihre Eltern waren von dieser Entscheidung nicht sonderlich begeistert. In ihren Augen ist Janine viel zu zart besaitet und zu wenig durchsetzungsstark. Schon als Kind ließ sie sich häufig Spielzeug von anderen Kindern wegnehmen und war überhaupt eher der introvertierte und schüchterne Typ. Außerdem ist sie klein und zierlich und einigen Jugendlichen körperlich durchaus unterlegen.

Janine nimmt sich selbst ganz anders wahr. Als Schülerin übernahm sie in der siebten Klasse die Funktion der Klassensprecherin. Sie engagierte sich in vielen ehrenamtlichen kirchlichen und gemeinnützigen Gruppen, gab früh Nachhilfe für Schüler, die dem Unterricht nur schwer folgen konnten. Das Studium war mehr als maßgeschneidert für sie und so schloss sie mit einem sehr guten Examen ab. Noch während ihres Referendariats baute sie gute Kontakte zu einer Schule in der Nähe auf und das Glück spielte ihr dann genau dort eine Stelle zu. Eine Lehrerin mit ihrer Fächerkombination war gerade dabei, sich in den Ruhestand zu verabschieden. Besser konnte es für sie nicht laufen! Die ersten drei Jahre verliefen demzufolge wie am Schnürchen. Bis zu dem Zeitpunkt, als Janine sich bereit erklärte, mit Beginn des neuen Schuljahrs eine sehr schwierige und vorlaute Klasse zu übernehmen. Andere Lehrer hatten sich an dieser rebellischen Bande schon die Zähne ausgebissen und völlig entnervt aufgegeben. Doch Janine traute sich zu, die Sache zu meistern, außerdem wollte sie sich beweisen, dass sie eine wirklich hervorragende Lehrerin ist.

Womit Janine allerdings nicht gerechnet hatte, war, dass die in ihrer Innenwelt schlummernden zweifelnden Botschaften ihrer Eltern aus Kindertagen zum Leben reanimiert werden würden. Tatsächlich waren die Jugendlichen rebellischer als befürchtet und so konnte sie mit ihrer leisen Stimme kaum zu ihnen durchdringen. Es kam ihr vor, als sei sie für diese Schüler unsichtbar. Fast so, als spreche sie gegen eine Wand. Die schlimmen Befürchtungen ihrer Eltern schienen sich magisch zu bewahrheiten. Was war passiert?

Wiederbelebungsprozesse vergangener Befürchtungen werden nur dann in Gang gesetzt, wenn sich im Innersten der betroffenen Person ein Hauch von Bedenken zu einem Vorhaben regt und sie für einen Moment das Gefühl hat, die Eltern könnten mit ihrer Ansicht recht haben. In so einem

Fall docken nämlich die alten Botschaften unserer Lieben an unseren Zweifeln und Ängsten an und erzeugen eine verstärkende Wirkung. Verstärker haben eine enorme Anziehungskraft und ziehen die befürchteten Situationen wie durch Zauberhand ins eigene Leben. Welche Möglichkeiten stehen zur Verfügung, um einen solchen Anziehungsprozess für immer zu unterbinden? Probieren Sie folgende Übung aus, wenn Sie glauben, dieses Thema könnte Sie betreffen.

ÜBUNG:
Notieren Sie die Botschaften Ihrer Eltern oder nahestehender Personen zu einem Thema, das Sie gerade viele Nerven kostet. Vergleichen Sie sie mit Ihrer eigenen Meinung dazu und beschreiben Sie, was Sie im Moment fühlen. Richten Sie nun Ihre Aufmerksamkeit auf Menschen, die in einer ähnlichen Lebenssituation souverän und erfolgreich agiert haben, und versuchen Sie, diesen Vorbildern zu folgen. Auch bei diesem Ritual sind der Fantasie keine Grenzen gesetzt. Die einen stellen sich vor, wie die unsichtbaren Befürchtungen und Zweifel, die zwischen ihnen und ihren Eltern liegen, austrocknen und zusammenziehen. Andere schneiden sie einfach durch. Wieder andere ersetzen sie durch die positiven Botschaften ihrer Vorbilder. Denken Sie sich bei dieser Auflösungsübung aus, was Sie möchten. Das wird Ihren Glauben daran schulen, dass alle Lösungen in Ihnen selbst vorhanden sind. Gleichzeitig schärfen Sie Ihre Imaginationsfähigkeit, die Sie mit Sicherheit noch bei vielen anderen Gelegenheiten im Leben gut gebrauchen können.

Und rufen Sie ganz bewusst alle positiven, bestätigenden, aufbauenden, motivierenden Botschaften Ihrer Herkunftsfamilie immer wieder in sich auf. Interessanterweise brauchen diese immer ein bisschen länger als die negativen, um zu uns durchzudringen. Vor allem, wenn wir sie dringend benötigen …

Wir haben dieses Kapitel dazu genutzt, um zu ergründen, warum wir manchmal mehr funktionieren als agieren. Von einigen Punkten haben Sie vielleicht schon einmal gehört. Und vielleicht haben Sie sich in der Vergangenheit auch schon mit Ihren Blockaden, Verpflichtungsschwüren und Ihrem größten emotionalen Bedürfnis beschäftigt. Nun geht es darum, alle relevanten Puzzlesteine, die Sie bis jetzt zu diesem Thema sammeln konnten, so zusammenzusetzen, dass Sie herausfinden, woraus Ihr individuelles inneres Funktionsgefängnis besteht. Der noch wichtigere Part dabei ist, die Entscheidung zu treffen, die Ärmel hochkrempeln zu wollen und damit zu beginnen, dieses Gefängnis einzureißen.

Beginnen Sie mit dem für Sie am einfachsten umzusetzenden Punkt und arbeiten Sie sich in Ihrem Tempo immer weiter nach vorne. Die Entscheidung getroffen zu haben wird bei Ihnen ein neues Energiefeld entstehen lassen. Wer an sich und seine Fähigkeit glaubt, alles erreichen zu können, was er sich vornimmt, der wird es auch erreichen! Dafür gibt es viele Belege aus allen Lebensbereichen. Begleiten Sie mich jetzt in das vierte Kapitel, denn nun beginnt die Zeit der großen Gefühle.

KAPITEL 4

Zeit für große Gefühle

Welche Gefühle erzeugen Stress im Körper?

Nach Meinung der Weltgesundheitsorganisation (WHO) gehört Stress zu einer der größten Gefahren des 21. Jahrhunderts. Auch ist chronischer Stress ein anerkannter Risikofaktor in Bezug auf Bluthochdruck, Diabetes, Herzinfarkt und Schlaganfall. Den wenigsten Betroffenen ist klar, dass sie mit ihrer Angewohnheit, sozialverträglich zu funktionieren, und mit ihrem Hetzen von einer zur nächsten Pflicht die besten Voraussetzungen für diese Krankheiten schaffen. Gesellt sich dann noch die »Fähigkeit« hinzu, unangenehme Gefühle zu verdrängen, dann braucht man meistens nicht mehr lange zu warten, bis ein mittlerer oder schwerer Gefühlsausbruch mit Langzeitwirkung sich seinen Weg in die Außenwelt bahnt und großen Schaden anrichtet.

Das ist zumindest der gemeinsame Nenner, den ich bei allen meinen Kunden mit Burn-out-Symptomen oder chronischer Erschöpfung ausfindig gemacht habe. Jahrelanges Verdrängen schwieriger, lästiger und unangenehmer Gefühle wirkt in der Innenwelt wie ein giftiger Cocktail, der schleichend das Nervensystem lähmt oder irgendwann völlig unangemeldet explodiert. Vergleichen kann man das mit dem Ergebnis von schlechter, unvernünftiger Ernährung. Obwohl die Menschen alle nur denkbaren Informationsmöglichkeiten haben und es eigentlich besser wissen müssten, schauen sie einfach weg und stopfen sich mit

Dingen voll, die nachgewiesenermaßen ungesund sind. Frei nach dem Motto: »Was ich nicht weiß, macht mich nicht heiß.« Doch da wir in den letzten beiden Kapiteln damit begonnen haben, Ihr antrainiertes Wegsehen zu durchbrechen, bleiben wir diesem Stil weiterhin treu. Wie heißt es doch so schön: »Never change a winning team!«

Welche Gefühle sind es überhaupt, die so schwer auszuhalten sind? Warum schnellt unser Stresspegel sofort nach oben, wenn die Gefahr besteht, etwas spüren zu müssen, was wir als unangenehm oder gar unerträglich empfinden?

Gäbe es eine Hitliste der am liebsten verdrängten Gefühle meiner stressgeplagten Kunden, dann sähe diese vermutlich so aus:

Platz 1: Schuld
Platz 2: Angst
Platz 3: Unzulänglichkeit
Platz 4: Ungeliebtsein
Platz 5: Scham
Platz 6: Neid
Platz 7: Verachtung
Platz 8: Wut und Ärger
Platz 9: Stolz
Platz 10: Eitelkeit

Allein ein Blick auf die Liste kann schon unangenehme Gefühle verursachen. Dabei sind es einfach nur Worte. Trotzdem ist es vorstellbar, dass man beim Lesen auffällig oft schlucken muss, ja fast einen Würgereflex bekommt, weil der Hals sich plötzlich zu eng anfühlt. Die Atmung wird kürzer, flacher und schneller. Besonders sensitive Menschen bemerken, dass sich etwas in ihnen zusammenbraut, das sie hektischer und nervöser werden lässt, und dass ihre Beine, Arme und der Rücken stark angespannt sind. Das alles sind sichere Anzeichen dafür, dass es sich bei der Aufzählung um Gefühle handelt, die jeder kennt und niemand gerne empfinden möchte.

Ich weiß nicht, ob schon einmal wissenschaftlich untersucht wurde, bei welcher Reaktion mehr Stress im Körper entsteht: beim Verdrängen oder beim Ausleben dieser Gefühle. Meine feste Vermutung ist, dass es sich günstiger auf den Körper auswirkt, wenn man gelernt hat, seinen Gefühlen einen Raum zu geben. Ständiges Unterdrücken nicht erwünschter Gefühle führt jedenfalls dazu, dass es immer schwieriger wird, sich aus seinem Funktionsgefängnis zu befreien. Da wir aber genau dies anstreben, schauen wir uns nun an, wie man am besten mit den unliebsamen Gesellen umgeht, um sich zukünftig nicht mehr von ihnen geißeln lassen zu müssen.

Geben Sie Ihren Gefühlen einen Raum

Nur keine Panik, Sie müssen nicht befürchten, dass ich von Ihnen verlange, Ihre seit Jahren verdrängten Gefühle alle auf einmal rauszulassen. Das wäre weder für Sie gesund noch für die Personen, die an deren Entstehung beteiligt waren. Lieber möchte ich Ihnen ein Rezept vorstellen, wie Sie diese Gefühle nachhaltig modifizieren oder auflösen können. Am Beispiel von Susanne werde ich Ihnen demonstrieren, warum es ebenso wie bei Schwüren und Programmierungen notwendig ist, die Keimzelle der verdrängten Gefühle zu entlarven.

Susanne kam zu mir in die Praxis, weil sie eigentlich nur kurz mit mir abstimmen wollte, ob die beruflichen Ziele, die sie sich gesteckt hatte, die richtigen waren. Akribisch hatte sie sich in ihr Notizbuch notiert, welche Vor- und Nachteile ihr Veränderungswunsch für sie und ihr nahestehende Personen mit sich bringen würde. Während wir alle ihre Punkte durchgingen, kam bei mir innerlich die Frage auf, was wohl der tatsächliche Grund für den Besuch Susannes bei mir war. Denn perfekter konnte man sich gar nicht auf eine gewünschte Veränderung vorbereiten. Mir fiel gleichzeitig auf, dass sich Susanne ausgesprochen gewählt ausdrücken konnte. Sie gebrauchte nur selten die Umgangssprache, kaum Füllwörter, und wenn sie eine Situation oder jemanden kritisierte, dann hörte sich das fast positiv an. Sie brillierte mit einer tadellosen Körperbeherrschung, und als sie über Ereignisse aus ihrem Leben sprach, lagen diese aufgeräumt und abgelegt wie in einer akkurat eingeräumten Kommode übereinander. Susanne hatte ihr Agieren aus einem Funktionsgefängnis wirklich bis in die Perfektion getrieben. Sie war zugleich Gefängniswärterin und Gefangene. Gefängniswärterin, weil sie nichts dem Zufall überließ und es meisterhaft verstand, alle unangenehmen Gefühle und Erinnerungen an unangenehme Lebenssituationen zu verdrängen. Gefangene, weil sie nicht nur die Gefühle selbst verdrängte, sondern die daraus möglicherweise entstehenden verschiedenen Reaktionen gleich mit. Sie handelte perfekt aus einem Neutralitätsmodus heraus, was auf Außenstehende irgendwie gleichgültig wirkt.

Als Susanne fast schon zur Tür raus war, fiel ihr ein, dass sie mich doch noch etwas fragen wollte. Ich war sehr gespannt. Und da flog sie mir entgegen, die fast schon überfällige Frage: »Sagen Sie mal, Frau Dreeßen, ist es eigentlich normal, dass ein Mensch selten Emotionen hat? In meiner Welt fühlt sich fast alles gleich an.« Ihr gefiel mein Vorschlag, noch einmal kurz zu mir hereinzukommen, und sie ließ sich darauf ein, mit mir zusammen herauszufinden, wie sie wieder lernen könnte zu fühlen. Dafür begaben wir uns zuerst auf die Suche nach dem, was sie alles verdrängt hatte. Es waren viele Ängste dabei, Ärger, Traurigkeit, aber auch Schuldgefühle.

Nicht aufgelöste Schuldgefühle haben die größte zerstörende Wirkung im Körper. Jahrelang verdrängt und nicht bearbeitet oder modifiziert, sind sie vergleichbar mit einer permanent gesetzten Giftinfusion. Sie hinterlässt manchmal mehr als deutliche Spuren. Und genau dies kann ich bei meinen Einzeltrainings beobachten, wenn ich mit chronisch kranken Teilnehmern arbeite. Sie alle haben etwas gemeinsam: übergroße Schuldgefühle und die feste Überzeugung, Menschen ungerecht behandelt oder Situationen initiiert zu haben, durch die andere Menschen zu Schaden gekommen sind. Das ist einer der Hauptgründe, warum ich so hinterher bin, Menschen dabei zu unterstützen, sich von diesen bösen Geistern der Vergangenheit zu befreien.

Kommen wir nun zurück zu Susanne und schauen wir uns an, was bei ihr die Schuldgefühle ausgelöst hat. Ihr jüngerer Bruder kam krank zur Welt und hatte es schwer, sich ins Leben zu kämpfen. Krankenhausaufenthalte mit dem Bruder waren für die Familie an der Tagesordnung, und es stand für Susanne außer Frage, dass Rücksichtnahme großgeschrieben werden musste. Damit sie dies auch ja nicht vergaß, adressierte die überforderte Mutter fast täglich die mahnende Botschaft an Susanne, dass sie bitte ganz brav sein und ihrer Mama keine Schande machen soll. Denn sie habe ja im Gegensatz zu ihrem Bruder das große Glück gesund zu sein. Besser kann man Schuldgefühle gar nicht verinnerlichen. Und so saß dann die kleine Susanne oftmals wie bestellt und nicht abgeholt bei fremden Leuten und muckste sich nicht, während sie sich im Inneren Gedanken darüber machte, warum der liebe Gott sie gesund sein lässt und ihren Bruder nicht. Fast schon beängstigend schnell konnte sich Susanne in unserem Gespräch daran erinnern, welche Gedanken sie in diesen lang vergangenen Situationen hatte.

Ob die Gedanken und Gefühle in der chronologisch richtigen Reihenfolge auftauchen, ist dabei völlig unerheblich. Wichtig ist ausschließlich, dass man in der Nachbetrachtung die Keimzelle für die Ursache der unangenehmen Gefühle erwischt und sich klarmacht, warum das innere Sicherheitssystem es offenbar für ratsam hält, sie zu verdrängen. Bei Susanne hatte sich seit ihren frühen Kindertagen ein schlechtes Gewissen breitgemacht. War es nicht ungerecht, dass es ihrem Bruder so viel schlechter ging als ihr? Und hätte es die Ungerechtigkeit nicht noch vergrößert, wenn sie im Beruf auch noch erfolgreich gewesen wäre? Diese immer wiederkehrenden zweifelnden Gedanken führten dazu, dass sie sich unbewusst gegen ihren beruflichen Erfolg entschied. So fing sie nacheinander verschiedene Ausbildungen an und war sich nie sicher, ob sie nun endlich die richtige Entscheidung getroffen hatte. Der Blick in ihre Zukunft verursachte ihr nicht nur Unbehagen und Stress, er raubte ihr auch oftmals den Schlaf.

Sehen wir uns nun an, wie man Gefühle abschütteln kann, die einen daran hindern, sich frei zu entfalten.

Die Loslösung von begrenzenden Gefühlen

Allein verdrängte Gefühle zu entlarven und ihnen endlich einen Raum zu geben, wirkt im Inneren schon wie ein kleiner Befreiungsschlag. Die Anspannung lässt nach, wenn Gefühle sich zeigen dürfen. Und sie zeigen sich bei jedem anders. Einige Menschen weinen schnell, andere haben einen Wutausbruch und Schreiattacken, wieder andere fangen an zu lachen oder flüchten sich in Sarkasmus. Sie sinken in sich zusammen, schütteln sich, zittern oder zappeln ungeduldig. Auch wenn ein solcher Befreiungsschlag meist nur wenige Minuten dauert, empfindet man das Loslassen von Gefühlen insgesamt wie eine Herkulesaufgabe, die mit Scheu und Abwehr verbunden ist. Schließlich weiß man ja nicht, was alles aus dem Unterbewusstsein auftauchen wird, wenn man das Verdrängte ans Licht holt. Dabei war es, genau genommen, gar nicht richtig verdrängt. Denn was jahrelang unbewusst in den tiefen Regionen versteckt war, hat an der Oberfläche trotzdem gewirkt. Da nützte es auch nichts, dass die giftigen Substanzen wie unsichtbare Gase permanent vom Unbewussten ins Bewusste gesendet und von dort von einem eigens dafür eingesetzten imaginären Sicherheitsbeauftragten wieder ins Unterbewusstsein zurückgeschickt wurden, um den Tagesablauf nicht zu gefährden.

Um es in einem anderen Bild zu erklären, wie sich das mit den verdrängten Gefühlen verhält, die trotzdem wirken: Ein Fremder klingelt an der Haustür, möchte einem etwas verkaufen und man antwortet freundlich, dass man nichts benötigt. Sobald man die Tür wieder geschlossen hat, hört man es im Briefkasten rascheln. Der listige Verkäufer hat einem doch tatsächlich ungewolltes Werbematerial dagelassen. Am nächsten Tag steht er wieder vor der Tür mit einer neuen Masche. Es stört ihn überhaupt nicht, dass man mittlerweile nicht mehr ganz so freundlich reagiert. Er reißt sogar das Klebeband ab, das man höchstvorsorglich über dem Briefkastenschlitz angebracht hat, damit er kein weiteres Mal irgendwelche Flyer einwerfen kann. Der ganze Vorgang zieht sich über einige Tage hin, in deren Verlauf man wütend, ängstlich, besorgt und ungehalten wird.

Wie verabschiedet man nun nachhaltig diese bösen Geister aus der Vergangenheit? Den ersten Schritt habe ich kurz vorher schon beschrieben. Man lässt die verdrängten Gefühle aufsteigen, gibt ihnen einen Raum und lässt den Körper wieder zur Ruhe kommen. Der nächste Lösungsschritt ist die bewusste Akzeptanz, dass man solche Gefühle überhaupt beherbergt. Durch diese annehmende Haltung weicht die Spannung, da man aus dem Ich-muss-dagegen-ankämpfen-Modus aussteigt. Gleichzeitig wird gebundene Energie frei, die man für etwas Besseres nutzen kann. Im dritten Schritt übernimmt man die Verantwortung für das eigene Handeln und lässt die Verantwortung der anderen bei ihnen.

Um diesen Prozess zu verdeutlichen, gehen wir noch einmal zum Beispiel von Susanne zurück. Dazu wenden wir die DVD-Technik an, das heißt wir versorgen die Bilder und Erinnerungen der Vergangenheit mit Bonusmaterial. Die Szenen aus dem Bonusmaterial dreht Susanne aus der Perspektive ihres heutigen Erwachsenen-Ichs. Dafür sucht sie sich eine längst vergangene Situation aus, in der ihr Kinderteil auf einem Stuhl sitzt. Sie stellt sich vor, dass sie sich neben das kleine Mädchen setzt und ein Gespräch beginnt:

»Weißt du, kleine Susanne, ich sehe, dass das für dich sehr anstrengend ist, immer auf deinen Bruder Rücksicht zu nehmen. Hast du Lust, ein Spiel zu spielen? Wir zählen jetzt abwechselnd auf, welche Vorteile du davon hast, dass du oft von anderen Menschen beaufsichtigt wirst, weil deine Mutter sich nicht auch noch um dich kümmern kann. Ich fange einmal an. Der erste Vorteil ist, dass du stattdessen nicht in Krankenhäusern rumsitzen und mitansehen musst, wie andere Kinder leiden. Jetzt bist du dran, Susanne.« – »Mein Vorteil ist, dass sich die Menschen, denen ich anvertraut werde, ständig etwas einfallen lassen, damit mir nicht langweilig wird.« – »Okay, jetzt komme ich wieder dran: Dadurch, dass du so viele Menschen kennenlernst, lernst du auch viele verschiedene Ansätze kennen, wie man sein Leben gestalten kann.« – »Ja, und ich bekomme oft mein Lieblingsessen gekocht, weil sie mir eine Freude machen möchten.« – »Siehst du, wie gut das Spiel funktioniert. Ich würde dir jetzt gern noch etwas anderes sagen, denn ich weiß, dass du deinem Bruder gegenüber immer

Schuldgefühle hast. Meiner Meinung nach gibt es niemanden auf der Welt, der mit Bestimmtheit sagen kann, was richtig und was falsch ist. Wer also lädt Schuld auf sich und wer nicht? Vielleicht wurde das Gefühl von Schuld überhaupt nur geschaffen, um Menschen klein zu halten oder sie gefügig zu machen? Dein Bruder hat sein eigenes Leben. Weder deine Eltern noch du können etwas dafür, dass Gabriel krank zur Welt gekommen ist. Und heute geht es ihm doch trotz seines anfänglichen Handicaps sehr gut. Er hat erfolgreich seine Ausbildungen abgeschlossen, eine Familie gegründet, lebt in einer schönen Wohnung und von seiner Behinderung ist kaum noch etwas zu sehen. Also, kleine Susanne, möchtest du das Gefühl, dich schuldig zu fühlen, nicht weiterziehen lassen?«

So oder so ähnlich könnte eine Szene des Nachdrehens von Bonusmaterial aussehen, um Schuldgefühle aus der Kinderzeit zu entlassen. Wichtig bei dieser Auflösungsarbeit sind eine liebevolle Haltung sich selbst gegenüber und der Glaube daran, dass es gelingen wird. Der erlösende Effekt wird nicht eintreten, wenn Sie nur mit dem Verstand an die Sache herangehen, aber das wissen Sie ja mittlerweile schon. Im letzten Schritt des Auflösungsrituals stellt man sich vor, wie das belastende, vormals verdrängte Gefühl wie ein Luftballon in den Himmel aufsteigt und dort verschwindet. Die Kraft der heilenden Gedanken und Vorstellungen ist essentiell, um einen Gesundungsprozess von Körper, Geist und Seele in Gang zu setzen. Das erklärt auch, warum bei manchen Menschen bestimmte Heilungsmethoden funktionieren und bei anderen nicht. Jeder Einzelne darf und muss darüber entscheiden, welchen Annahmen und Meinungen er folgen möchte. Mein genereller Tipp ist: Alles, was funktioniert, Erleichterung verschafft und zur Genesung beiträgt, ist richtig.

Die Fähigkeit, verzeihen und vergeben zu können, ist ein großer Schatz

»Wer anderen verzeihen kann, kann auch sich selbst verzeihen.« Kennen Sie diesen Spruch? Im ersten Moment klingt er antiquiert und konservativ. Untersucht man jedoch die Wirkung des Verzeihens auf Körper, Geist und Seele, stellt man schnell verblüfft fest, dass sie in jeglicher Hinsicht gewaltig ist. Ausnahmslos alle meine Kunden, die mit Stresssymptomen, einem chronischen Erschöpfungssyndrom oder im schlimmsten Fall mit Burn-out zu mir kamen, hatten verlernt, sich selbst und anderen zu verzeihen, und damit schleichend das eigene Betriebsklima verschlechtert.

Bestimmt haben Sie eine ähnliche Situation schon einmal erlebt: Sie hatten mit einer Ihnen wichtigen Person einen Streit oder eine Meinungsverschiedenheit und fühlen sich ausgenutzt, betrogen oder hintergangen. Nicht nur, dass Sie sich gegenseitig im Affekt die schlimmsten Vorwürfe und Beschuldigungen an den Kopf geworfen haben. Nein, Sie erzählen danach noch mindestens zwanzig anderen Personen von Ihrem Erlebnis. Jede Wiederholung gibt Ihren in der beschriebenen Situation erlebten Gefühlen neue Nahrung. Da es sich dabei durchweg um negative Emotionen wie Ärger, Wut, Ohnmacht, Betroffenheit und Angst handelt, muss man kein Auradiagnostiker sein, um zu erahnen, dass sie sich auch in Ihrem Äußeren niederschlagen. Leicht zu erkennen sind unversöhnliche Menschen nämlich oftmals an ihrem blassen, faltigen Gesicht und schmalen, kaum mehr wahrnehmbaren Lippen. Möchte man nicht mit einem Schlag zehn Jahre älter aussehen, dann wäre ein guter Rat, sich mit dem Thema Verzeihen schnellstmöglich zu befassen.

Aber wie stellt man das an, wenn man sich doch so im Recht fühlt? Und das verletzte Ego sich haarklein an jedes Detail einer unschönen Auseinandersetzung erinnern kann, ja, froh ist, sie überhaupt überlebt zu haben? Am einfachsten wäre es natürlich, die Schuld an der Konfliktsituation komplett der anderen Person in die Schuhe zu schieben. Aber glauben Sie mir: Es gehören immer zwei Parteien dazu, um in einen Konflikt zu geraten. Wäre das allseits bekannt, müssten sich die Rechtsanwälte und Gerichte um die wenigen Mandanten prügeln, die sich zur Schlichtung oder Wahrheitsfindung an eine höhere Instanz wenden.

Verzeihen und vergeben kann man nur mit dem Herzen. Manchmal frage ich mich, ob meine eigene Lebensgeschichte dazu beigetragen hat, dass ich es so gut kann. Aufgewachsen mit einer sehr unnachgiebigen und ziemlich rechthaberischen Mutter, war mir schon sehr früh klar, dass ich das einmal anders machen würde. Und tatsächlich bin ich mit meinen Exfreunden und -partnern auch nach unserer Trennung weiterhin befreundet. Ich kann die gute Zeit, die wir zusammen hatten, heute noch wertschätzen. Und ich kann Situationen, in denen ich verletzt wurde, schnell aus einer gewissen Distanz betrachten. Gern gebe ich Ihnen hierzu ein Beispiel.

Vor zwei Jahren geriet ich mit einer mittlerweile guten Freundin in eine so massive Meinungsverschiedenheit, dass sie mir in ihrer Wut an den Kopf warf, mein gerade erschienenes Buch sei total banal. Diesen Pfeil, der völlig unvorbereitet auf mich zugeschossen kam, fand mein Ego überhaupt nicht witzig und entsprechend feindselig reagierte ich darauf. Damals war ich noch Neuautorin, unsicher, ob das, was ich schrieb, bei Lesern überhaupt ankam. Kein Wunder also, dass ich emotional tief getroffen war. Fast schon k.o., könnte man sagen. Heute ist besagte Bekannte eine meiner wirklich guten Freundinnen und Geschäftspartnerinnen. Wie haben wir das nach so einem verbalen Gemetzel hinbekommen?

Wir sind uns im Handeln und Verhalten nicht ganz unähnlich. Beide wollen wir mit dem, was wir sagen, unserem Gesprächspartner im Grunde nur helfen. Aber nicht immer gelingt es uns, im Eifer des Gefechts den richtigen Ton zu treffen. Glücklicherweise ist es uns unabhängig voneinander gelungen, die gute Absicht der anderen zu erkennen. So sind wir uns zunächst auf der Sachebene wieder begegnet und haben viele Gespräche miteinander geführt, um den alten Verletzungen gestatten zu können weiterzuziehen – wohin auch immer. Heute konzentrieren wir uns auf unsere Stärken und kommen bestens miteinander aus.

Mein Schlüssel, um verzeihen zu können, war, dass ich mir überlegt habe, wie ich mich hätte verhalten können, um die Situation nicht so eskalieren zu lassen. Und mir ist einiges eingefallen! So habe ich nachträglich die volle Verantwortung für mein Handeln übernommen. Denn darum geht es beim Verzeihen und Vergeben: dass man den eigenen Anteil an einer vergifteten Atmosphäre erkennt und mithilfe dieser Erkenntnis die mit Groll, Ärger und Wut besetzten Pfeile aus dem Herzen zieht.

Die folgenden Aussagen enthalten alle einen vorwurfsvollen, schuldzuweisenden Pfeil, die Fragen dahinter relativieren den Vorwurf, indem sie den Blick für den eigenen Anteil öffnen:

- Du hast mir nie gesagt, dass du auch noch mit jemand anderem zu dem Thema im Gespräch bist. (Haben Sie gefragt?)
- Hätte ich nur nicht auf dich gehört, dann hätte ich den Schlamassel jetzt nicht am Bein. (Wer hat die Entscheidung getroffen, auf den anderen zu hören?)
- Du bist daran schuld, dass wir so viel Geld verloren haben. (Warum haben Sie nicht interveniert, wenn Sie es besser gewusst haben?)
- Ich wusste schon immer, dass du mich irgendwann betrügen wirst. (Warum haben Sie dann den Mann oder die Frau geheiratet?)
- Weil du die ganze Zeit auf mich eingeredet hast, habe ich nicht auf mein Gefühl gehört. (Warum haben Sie den Redefluss nicht unterbunden?)

Die volle Verantwortung für sein Handeln oder Nichthandeln zu übernehmen reduziert Stress und lässt einen wahrhaftig werden. Das gewohnte übermächtige Bedürfnis, anderen die Schuld für was auch immer in die Schuhe zu schieben, kann sich somit mehr und mehr aus dem eigenen Leben verabschieden. Denn egal wie man die Sache dreht und wendet, am Ende kommt man immer bei der eigenen Verantwortung an. Je mehr ein Mensch in der Lage ist, sich selbst zu verzeihen, umso mehr kann er anderen verzeihen. Schauen wir uns nun an, wie das gelingen kann.

Von der Kunst, Frieden mit sich selbst zu schließen

Die Fähigkeit, verzeihen zu können, und die Fähigkeit, sich selbst so anzunehmen und zu lieben, wie man ist, gehören zusammen wie siamesische Zwillinge. Das eine geht nicht ohne das andere. Kommt es also irgendwann zu einer Trennung, wird das natürliche Gleichgewicht gestört. Das Leben gerät schleichend aus den Fugen und man funktioniert irgendwann mehr, als einem lieb ist. Vielleicht waren es zu viele emotionale Tiefschläge, die man einstecken musste? Oder das Glück hat viel häufiger an die Tür der anderen geklopft als an die eigene? Was immer der Grund dafür gewesen ist, dass Sie aus dem angeborenen himmlischen Zustand der Selbstliebe gefallen sind, nichts kann Sie daran hindern, sich diesen wieder zurückzuholen.

Leider ist es nicht damit getan, andere aufzählen zu lassen, warum man ein liebenswerter Mensch ist. Wer sich wie mit einer Spirale in sein Funktionsgefängnis gebohrt hat, muss sich auch wieder eigenhändig Stück für Stück herausschrauben, um in der Freiheit – und damit bei sich selbst – zu landen. Die gerade schon erwähnte Selbstliebe etwa, ein ganz wichtiger Baustein der Freiheit, reanimieren Sie am effektivsten und nachhaltigsten, indem Sie mit vergangenen Situationen und Handlungen Frieden schließen.

Dafür wird Ihnen der Gang über das verletzte Ego nicht erspart bleiben. Klingt anstrengend? Ist es auch. Aber der Aufwand lohnt sich.

ÜBUNG:
Erstellen Sie eine »Hitliste« der fünf unangenehmsten Situationen, in die Sie geraten sind. Schreiben Sie neben jede, warum Sie glauben, dort als Verlierer hervorgegangen zu sein, und was das Schlimmste an der Situation insgesamt war. Lesen Sie Ihre Antworten mehrmals durch und versuchen Sie herauszufinden, welche Ihrer inneren Stimmen diese Bewertungen durchgeführt hat. War es die strenge Elternstimme, die verschüchterte Kinderstimme, die rebellische Jugendstimme oder die souveräne Erwachsenenstimme in Ihnen? Jede Stimme, die Sie identifiziert haben und die nicht die souveräne Erwachsenenstimme ist, bekommt nun die Gelegenheit, aus Ihrem heutigen souveränen Ich heraus eine neue Perspektive auf die vergangene Situation einnehmen zu können. Notieren Sie, wie Sie sich heute in einer solchen Situation verhalten würden.

Den Frieden mit sich selbst wiederzuerlangen oder einen inneren Einklang herzustellen funktioniert hervorragend durch die Konzentration auf das Erwachsenen-Ich. Von ihm aus betrachtet, wirkt vieles Vergangene nicht mehr so schlimm. Man beurteilt es versöhnlicher, gelassener und lockerer und kann sich so auch viel leichter ein früheres Fehlverhalten verzeihen. Die dadurch entstandene Stimmung in Ihrem Inneren sorgt dafür, dass Sie langsam wieder mit sich im Reinen sind und die Selbstliebe wieder an ihren angestammten Platz im Herzen zurückkommen kann.

Die Macht der Dankbarkeit

Beiläufig in einem kleinen Nebensatz habe ich verschiedene Male anklingen lassen, dass wir bewusst oder unbewusst darüber entscheiden, wohin wir unsere Aufmerksamkeit in Bezug auf unsere Gefühle und Gedanken legen. Kann es wirklich sein, dass sich Gefühle steuern lassen? Während ich das formuliere, höre ich schon den Aufschrei: »Gefühle kann man nicht kontrollieren! Wäre das so einfach, gäbe es keinen einzigen depressiven Menschen mehr. Wer würde schon freiwillig sein Leben durch einen grau-schwarzen Schleier betrachten wollen?«

Gut, dann nähere ich mich dem Thema anders. Im zweiten Kapitel haben wir über innere Haltungen und deren enormen Einfluss auf unsere Sicht auf die Welt gesprochen. Sie kennen das berühmte halb volle beziehungsweise halb leere Glas? Genau so, wie wir die Welt betrachten und wahrnehmen, fühlen wir uns. Trifft man die Entscheidung, sich nachhaltig auf die positiven Dinge des Lebens zu konzentrieren, wird es schwierig, dem von außen etwas Negatives entgegenzusetzen. Am leichtesten ist dieser Fokus auf das Positive zu bewerkstelligen, wenn man sich die Haltung der Dankbarkeit aneignet, ja regelrecht antrainiert. Dankbarkeit ist ein Wundermittel gegen aufkommenden Frust oder Ärger. Sobald man sie als feste Größe in seinem Leben verankert hat, entzieht man negativen Gefühlen den Nährboden. Statt Mangel nimmt man Fülle wahr. Sich klarzumachen, welche Geschenke und günstigen Umstände das Leben täglich bereithält, erfüllt das Herz mit Dankbarkeit. Wo Dankbarkeit herrscht, entsteht Großzügigkeit. Aus Großzügigkeit entstehen Weite und Raum für Neues. Aus Neuem entsteht Kreativität, Liebe und Mut. Und ehe man sichs versieht, haben sich viele gute Gefühle einen Platz in der ersten Reihe der eigenen Innenwelt gesichert. Eine solche Wucht an positiven Emotionen ist kein Nährboden für ein Funktionsgefängnis. Im Gegenteil. Wem es gelingt, ihnen eine gemütliche Umgebung zu schaffen, der weiß auch mit unangenehmen Situationen (und die gehören zum Leben nun mal dazu) gut umzugehen.

Vor vier Wochen statteten ungebetene »Gäste« unserem Haus einen Besuch ab. Da ich zu dieser Zeit auf einer Trainingstour unterwegs war, habe ich das Durcheinander, das mein Mann beim Nachhausekommen vorfand, nicht selbst gesehen. Am Telefon schilderte er mir betroffen die Schäden und zählte die Gegenstände auf, die abhandengekommen waren. Noch während er sprach, wartete ich auf ein Gefühl des Unbehagens, aber nichts dergleichen wollte sich in mir breitmachen. Vielmehr fragte ich ihn, ob eventuell der günstige Umstand eingetreten sei, dass die Diebe mein in die Jahre gekommenes Technikequipment wie Bildschirm, Beamer oder auch die alte Kamera haben mitgehen lassen. Mitnichten, die kannten sich wohl aus. Natürlich wollte ich der Sache auf den Grund gehen, warum ich so stumpf, ja fast emotionslos auf die Nachricht über den Einbruch reagierte. Lag es daran, dass täglich in der

Welt so viel Unheil passiert, dass ich über so einen kleinen Einbruch nur müde lächeln konnte? Oder hat sich meine Einstellung zu materiellen Werten dermaßen verändert, dass sie mir völlig gleichgültig geworden sind? Oder liegt es womöglich daran, dass ich bereits in einem Alter bin, in dem mir eh schon alles egal ist? Oder – und das wäre mit Abstand die beste Erklärung – habe ich es durch meine vor Jahren getroffene Entscheidung, mich auf die positiven Seiten des Lebens zu konzentrieren und dankbar zu sein für alles Gute, das mich umgibt, tatsächlich geschafft, selbst von solchen Situationen nicht mehr aus der Balance gebracht zu werden?

Auf jeden Fall bin ich sehr glücklich darüber, so gelassen auf Umstände reagieren zu können, die sowieso nicht mehr zu ändern sind. Da scheint mein tägliches Üben nach vielen Jahren doch gefruchtet zu haben. Nehmen Sie sich die Zeit, dafür Sorge zu tragen, dass die guten Gefühle auch in Ihrem Leben im Vordergrund stehen. Deswegen mein Tipp an Sie: Trainieren Sie die Haltung der Dankbarkeit, und die guten Gefühle werden sich in Ihrem Leben die Klinke in die Hand geben!

ÜBUNG:

Notieren Sie täglich, wofür an diesem Tag Sie dankbar sind. Das müssen nicht immer die ganz großen Dinge sein, dazu zählt auch, dass Sie doch noch den Zug erreicht haben, obwohl Sie eigentlich viel zu spät dran waren; dass Sie im Meeting mit einer wirklich schlagfertigen Antwort Punkte sammeln konnten; dass Sie für die ausverkaufte Vorstellung noch eine Restkarte ergattern konnten, und so weiter und so fort. Wenn Sie erst einmal anfangen, bewusst dankbar für etwas zu sein, das genauso gut weniger angenehm hätte verlaufen können, werden Sie schnell merken, wie sich insgesamt Ihre Sicht positiv verändert.

Auch wenn Sie gerade eine schwierige Phase durchlaufen, sollten Sie an dieser Gewohnheit festhalten. Zum einen, weil Sie es dann besonders nötig haben zu sehen, dass es trotz allem kleine Lichtpunkte in Ihrem Leben gibt, zum andern, weil sich so am besten Ihr Herz öffnen und weiten kann.

Ich habe herausgefunden, dass ich mich relativ leicht aus eher schwierigen Situationen hinauskatapultiere, wenn ich etwas für andere tue, die sich gerade in einer herausfordernden Lebensphase befinden. Ich gelange dadurch in eine höhere Bewusstseinsebene und habe damit gleich zwei Fliegen mit einer Klappe geschlagen: Durch die Aufmerksamkeitsverschiebung vermindert sich mein Selbstmitleid, und gleichzeitig schenke ich anderen ein wenig Zeit, ein offenes Ohr oder stelle ihnen eine Lösungsmöglichkeit vor, die sie vor lauter Gram nicht sehen konnten. Die Dankbarkeit, die sie mir dafür schenken, spült positive Gefühle in mein Leben. So schlage ich zwei Fliegen mit einer Klappe. Den anderen geht es besser und mir gleichzeitig auch.

Geben Sie sich die Erlaubnis, Ihr Leben zu genießen

Fast alle Seminarteilnehmer, die Sie in der Einleitung des Buches flüchtig kennengelernt haben, haben innerhalb eines Jahres die Ziele, die sie sich damals im Workshop vorgenommen hatten (oder sogar noch attraktivere) erreicht. Die eine beispielsweise nimmt sich als Unternehmerin endlich mehr Zeit für Reisen in ihr unbekannte Länder. Die Nächste hat für ein paar Monate ihre Wohnung untervermietet, um in dieser Zeit ihr Business von Bali aus zu managen. Eine andere hat sich eine zweimonatige Auszeit gegönnt, um in Buenos Aires Tango zu lernen und ihr Spanisch zu perfektionieren. Und wieder eine andere hat sich nach langem Zögern ein kleines Ferienhaus am Meer gekauft, das sie an Gäste vermietet, wenn sie es selbst nicht nutzen kann. Alle haben unisono bestätigt, dass ihr Geschäft durch die neue Leichtigkeit keinen Schaden genommen hat. Eher ist der umgekehrte Fall eingetreten. Je weniger umtriebig und hektisch sie waren, umso interessanter wurden sie für ihre Kunden. So könnte die gemeinsame Erfolgsformel für sie lauten: »Entspanntes und ausgeglichenes Agieren wirkt positiv auf die Außenwelt und zieht neue Kooperationspartner an. Das wiederum macht es möglich, eigene Interessen weiterzuverfolgen und irgendwann dort anzukommen, wo man hinmöchte – bei sich selbst.«

Wenn Sie sich mit dieser Formel anfreunden können, fehlt Ihnen vielleicht nur noch die Erlaubnis, danach handeln zu dürfen. Leider treffe ich beruflich oft auf Menschen, die sich nicht erlauben, glücklich, gelassen und lebensbejahend zu leben. Es fällt ihnen schwer, die eigenen Erfolge zu genießen, innezuhalten oder sich auch einmal feiern zu lassen. Wie kann es gelingen, in den Zustand des vollkommenen Genusses zu kommen? Indem man eine Umgebung schafft, die einen beflügelt und inspiriert.

Heute erhielt ich den Anruf einer Führungskraft, der man nahegelegt hatte, sich einen anderen Arbeitsplatz zu suchen. Nicht etwa, weil die Leistungen schlecht waren. Ganz im Gegenteil. Nein, der Juniorchef wollte unbedingt seinen besten Freund an seiner Seite im Unternehmen haben. Somit war dort kein Platz mehr für meinen Kunden Alex. Die Firma ließ sich nicht lumpen und versüßte ihm den Abgang mit einem fairen Abfindungsangebot, mit dem er locker das nächste Jahr finanziell überbrücken könnte, sollte er, was sehr unwahrscheinlich war, so schnell keinen Job finden. So weit, so gut. Jetzt war eingetroffen, wovon die meisten Arbeitnehmer träumen: Er konnte seine Tage frei gestalten und mit Dingen füllen, die ihm Spaß machten – bei vollem Lohnausgleich. Warum war dieser Traum dennoch schnell ausgeträumt?

Dass Alex seinen gut bezahlten Zwangsurlaub nicht genießen konnte, hatte mehrere Gründe. Zum einen empfand er die Kündigung als Kränkung, das musste erst mal verarbeitet werden. Zum andern wurde er mit allzu vielen gut gemeinten Ratschlägen und sonstigen Kommentaren bedacht. Seine aufgeregte Mutter verfiel schlagartig in düstere Visionen und malte in der grauesten Farbe, die die Palette zu bieten hatte, Alex' berufliche Zukunft an die Wand. Der Vater fühlte sich bestätigt in seiner Annahme, dass der, der hoch fliegt, auch tief fällt. Und sein Geschäftsfreund Michael erzählte ihm gleich von drei fast identischen Fällen, in denen die Jobsuchenden auch nach einem Jahr nicht wieder in Lohn und Brot waren. Mit so viel falsch verstandener Anteilnahme fiel es Alex von Tag zu Tag schwerer, positiv zu denken. Irgendwie verständlich, aber auch sehr schade. Denn anstatt den negativen Unkenrufen der engsten Vertrauten Gehör zu schenken, wäre es so viel sinnvoller, sich zu genehmigen, den unerwarteten Freiraum mit Freude zu nutzen: Beschäftigungen nachzugehen, die man immer schon einmal ausüben wollte. In andere Welten einzutauchen. Oder die Zusatzausbildung zu absolvieren, die man schon seit Längerem im Visier hat und gerne seinem beruflichen Portfolio hinzufügen möchte. Unabhängig davon, wo Sie gerade in Ihrem Leben stehen: Beginnen Sie damit, viel mehr von dem zu genießen, was Ihr Leben Ihnen zu bieten hat.

Sie haben in den letzten Kapiteln viele Anregungen bekommen, wie Sie herausfinden können, warum Sie in einem Funktionsgefängnis gelandet sind, so dass Ihnen möglicherweise allein durch diese klare Sicht auf sich und Ihre Innenwelt klar geworden ist, wo Sie in Zukunft den Hebel ansetzen müssen, um sich aus Ihrem Funktionsgefängnis zu befreien. Das Erkennen und Akzeptieren bestimmter Muster und der Wunsch nach einer nachhaltigen Veränderung versetzen Sie ganz von selbst in die Lage, Dinge, die Ihnen wichtig sind, anzupacken. Wenn Sie an Ihr Glück glauben, dann zieht das Glück bei Ihnen ein. Das bedeutet nicht zwangsläufig, dass Ihnen zukünftig unangenehme Erfahrungen erspart bleiben, aber die Art und Weise, wie Sie damit umgehen, wird Ihnen keinen Stress mehr bereiten. Und darum geht es hier. Deswegen befassen wir uns nun mit den kleinen und großen Wundern in Ihrem Leben.

KAPITEL 5

Ihr Leben besteht aus kleinen und großen Wundern

Jeder hat schon Wunder in seinem Leben erlebt

Der Begriff Wunder bedeutet für jeden etwas anderes. Für die einen ist es ein Wunder, wenn der öffentliche Bus oder die Bahn pünktlich kommt. Für den Nächsten grenzt seine persönliche Liebesgeschichte an ein Wunder. Wieder ein anderer hält sein neugeborenes Baby im Arm und weiß: Dieser Augenblick ist das größte Wunder des Lebens. Manche Menschen sprechen von wundersamen Wendungen in ihrem Leben, und wenn unmittelbar, nachdem man an ihr vorbeigegangen ist, die Straßenlaterne aus ihrer Verankerung bricht und umfällt, denkt man, dass es ein Wunder ist, heil davongekommen zu sein. Die Fähigkeit, an Wunder zu glauben und sie in seinem Leben zu registrieren, ist ein essentieller Baustein, um sich aus seinem selbstgebauten Funktionsgefängnis zu befreien. Oder anders ausgedrückt: Menschen, in deren Gedankenwelt keine positive Option für Außergewöhnliches zur Verfügung steht, werden außergewöhnliche Möglichkeiten auch nicht so leicht anziehen.

Als ich neulich nach langer Zeit wieder meine alten Yogabücher aus dem Schrank holte, um meine Beweglichkeit nicht mehr dem Zufall zu überlassen, fiel mir ein großes Wunder ein, das mein Leben nachhaltig verändert hat. Mit neunzehn Jahren hatte ich mich, ohne es zu bemerken, in ein inneres Funktionsgefängnis eingesperrt. Verschiedene traumatische Ereignisse, die ich innerhalb von fünf Jahren erlebt hatte, hatten dazu geführt, dass ich schwer krank wurde. Ich vertrug plötzlich eine ganze Reihe von Lebensmitteln nicht mehr, hatte permanent schmerzhafte Magenkrämpfe sowie Panikattacken, so dass ich ohne zwingenden Grund kaum noch das Haus verließ. Meine Angst wuchs von Tag zu Tag, dass ich an einer schlimmen Krankheit leiden könnte, doch keiner der Ärzte, die ich aufsuchte, konnte mir weiterhelfen. Mit dem Wissen von heute wäre es ein Leichtes gewesen, die richtige Diagnose zu stellen, aber vor siebenunddreißig Jahren war man von allem, was nichts mit Schulmedizin zu tun hatte, noch weit entfernt. Die alternative Medizin wurde als Scharlatanerie abgetan, und so blieb mir nichts anderes übrig, als mit den Schmerzen zu leben. Meiner Ausbildung als Bankkauffrau ging ich trotzdem gewissenhaft nach und erledigte zusätzlich die mir aufgetragenen Aufgaben in der Familie.

In dieser Phase hörte ich von einer sensationellen Yogalehrerin in meinem Wohnviertel und entschied mich, diese fremdartige Sache, die damals schnell unter der Rubrik »esoterisch« eingestuft wurde, auszuprobieren. Da ich von Natur aus nicht besonders gelenkig bin, übte ich täglich brav die verschiedenen Asanas des Hatha-Yogas. Und genau drei Wochen später stellte sich das medizinische »Wunder« bei mir ein. Meine permanenten Magenschmerzen, meine übertriebene Ängstlichkeit in Bezug auf eventuell eintretende Krankheiten und meine Antriebsschwäche waren wie vom Erdboden verschluckt. Jeder weitere Monat, den ich mit dem Training der Atem- und Körpertechniken verbrachte, stärkte meine Widerstandskraft immens.

Mit dieser Erfahrung fiel es mir leicht, auch zukünftig an Wunder zu glauben. Durch die Yogaübungen hatte ich gelernt, meiner Körperenergie zu vertrauen. Meinen Selbstheilungskräften gab ich die Chance, mir zu beweisen, dass sie etwas draufhaben. Seitdem ist mir klar, dass zwischen Körper, Geist und Seele ein sehr komplexer Zusammenhang besteht. Gerät der eine Teil außer Balance, dauert es nicht lange, bis ein weiterer Teil aus dem symbiotischen System zu schwächeln anfängt – eine Erkenntnis, die mich dazu brachte, mehr und mehr Bücher darüber zu lesen, wie das Leben generell so funktioniert. Alles an esoterischer, religiöser und philosophischer Literatur, was nicht bei drei auf dem Baum war, wurde von mir regelrecht verschlungen. Mein Hunger war kaum noch zu stillen. Dass mir dabei manche Theorie recht weit hergeholt schien, war mir egal, da der Wunsch, selbstbestimmt mein Leben zu steuern und nach weiteren Wundern Ausschau zu halten, mich nicht mehr losließ. Diesen Wunsch trage ich bis heute in mir und er ist meine treibende Kraft, das Leben positiv anzugehen. Wie sieht es bei Ihnen aus? Sind Sie jemand, der an Wunder glaubt, oder halten Sie sie eher für Hokuspokus?

Ein Zufall ist mehr, als Sie denken

Mit dem Glauben an Wunder ist der Glaube an Zufälle (und umgekehrt natürlich an Vorhersehung und Bestimmung) eng verknüpft. Auch er hat mit dem Verlassen des Funktionsgefängnisses zu tun.

In meinem Arbeitsumfeld treffe ich oft auf Menschen, für

die die Tatsache, dass ihr Leben irgendwie außer Kontrolle geraten ist, eine Aneinanderreihung von unglücklichen Zufällen darstellt. Aussagen wie »Das ist jetzt einfach ganz dumm gelaufen« oder »Da ist ja wirklich alles zusammengekommen, was zusammenkommen konnte, eigentlich ist so ein Sammelsurium von Zufällen gar nicht möglich« fallen in diesem Zusammenhang häufig. Aber ganz so zufällig, wie wir manchmal meinen, ist ein Zufall in der Regel nicht. Er fällt uns, ganz wörtlich genommen, zu. Und in sehr vielen Fällen gibt es auch einen handfesten Grund dafür. Doch ganz unabhängig davon, welche Einstellung man zu dem Phänomen Zufall (oder seinem Gegenteil) vertritt: Entkommen kann man ihm nicht. Schließlich lässt sich nicht vorhersagen, wann Herr oder Frau Zufall wieder zuschlagen wird, und außerdem ist es so gut wie unmöglich, aus einer Zufallssituation Lehren für die nächste zu ziehen.

Wie ist das nun mit Menschen, die daran glauben, dass alles im Leben eine Art Bestimmung ist? Werden sie trotzdem Erfahrungen in ihr Leben ziehen, die als Zufall bezeichnet werden können? Und wenn ja: Wie gehen sie damit um? Betrachten sie sie als ein Zeichen, das ihnen etwas sagen möchte? Sind sie in der Lage, irgendetwas daraus zu lernen? Meine beruflichen Beobachtungen in den letzten Jahren haben mir gezeigt, dass diejenigen sich um ein Vielfaches leichter damit tun, aus ihrem Funktionsgefängnis auszusteigen, die das Leben als einen Lernparcours betrachten, den es erfolgreich zu bewältigen gilt, wenn man eine bessere Version seiner selbst werden möchte.

Die Lösung wird bei jedem Problem gleich mitgeliefert

Da Sie sich mittlerweile vielleicht schon mit dem Gedanken anfreunden konnten, dass nicht alle unvorhergesehenen Situationen und Begebenheiten in Ihrem Leben zufallsbedingt sind, zaubere ich gleich noch eine weitere Theorie aus dem Hut. Und zwar die, dass Lösungsmöglichkeiten sich manchmal schon in unserem persönlichen Umfeld tummeln, bevor überhaupt ein Problem aufgetaucht ist. Oder dass zumindest zum Problem die Lösung gleich mitgeliefert wird.

Meine erste große dramatische Trennung ist das beste Beispiel dafür. So ungefähr vier Wochen, bevor ich damals Kenntnis davon bekam, dass mein Mann (heute: Exmann) ein Auge auf eine andere Frau geworfen hatte, lernte ich auf einem Fest einen jüngeren Mann kennen, mit dem ich sehr interessante und intensive Gespräche führte. »Zufällig« trafen wir uns nach zwei Wochen bei Freunden wieder und knüpften nahtlos an unser letztes Gespräch an. Und begannen, häufiger miteinander zu telefonieren. Da mein Exmann viel unterwegs war, hatte ich ja genug Zeit. Als dann die Trennungsbombe kurz vor meinem Geburtstag platzte und ich die folgenden drei Wochen erst einmal in meiner Familie untertauchte, war dieser junge Mann für mich da, wann immer ich ihn brauchte. Er war anscheinend von meinem Leben als Lösung bereitgestellt worden, damit ich durch diesen schmerzhaften Prozess der Trennung ziemlich unbeschädigt gehen konnte. Immerhin waren wir beide dann viereinhalb Jahre als Paar zusammen und sind heute noch beste Freunde.

Wenn ich das Leben von außen betrachte, kommt es mir manchmal wie ein Puzzlespiel vor. Viele Puzzleteile liegen wie zukünftige Lebenserfahrungen völlig durcheinander auf einem großen Tisch. Einige der Erfahrungen hat man schon zu einem Teilbild verbaut. Dann wieder findet man partout nicht das fehlende Verbindungsstück für den nächsten Schritt. Dabei müsste man nur ein bisschen genauer und schärfer hinsehen. Oder auch über den berühmten Tellerrand blicken. Die Lösungen, die dort bereitstehen, mögen ungewöhnlich und unkonventionell sein, aber warum sollte man immer nur beim schon Bekannten bleiben, das sich eh nicht in jedem Fall bewährt hat?

Gerne erzähle ich Ihnen die Geschichte von Gerhardt, um die Theorie der schon vorhandenen Lösung zu untermauern. Als Unternehmensberater hat Gerhardt viel erreicht, aber irgendwie ist seit einem Jahr in seinem eigenen Unternehmen der Wurm drin. Er hat den Eindruck, als sei er für potenzielle Auftraggeber geradezu unsichtbar. Vor lauter Panik, nie mehr ein Mandat zu bekommen, hat er in den letzten Wochen jede gängige Akquisetechnik angewandt, doch keine hatte den gewünschten Effekt. Warum war der Weg, den er anderen Firmen bislang erfolgreich aufgezeigt hatte, für ihn selbst zur Sackgasse geworden? Er hatte verdrängt, dass sein Herz insgeheim für eine andere Vorgehensweise im Change Management schlug. Hätte er sich schneller von seinen alten Themen getrennt und wäre er mithilfe einer professionellen PR mutiger in sein neues Thema eingetaucht, hätte er manchen finanziellen Engpass vermeiden können. Die Lösung für sein Problem lag nämlich direkt vor ihm: Hatte er das Publikum bei einem kürzlich gehaltenen Vortrag in einem Automobilverband nicht sehr bewegt zurückgelassen? Offenbar war das, was er vorgestellt hatte, genau das, was die Menschen hören wollten. Warum also marschierte er nicht einfach in der eingeschlagenen Richtung weiter?

Glücklicherweise hat er die Kurve dann aber doch noch bekommen. Er erinnerte sich an diesen Vortrag und setzte alles auf eine Karte, indem er sich dafür entschied, sich nur noch um sein neues Herzensprojekt zu kümmern. Und wie durch ein Wunder trudelten gleich mehrere lukrative Aufträge in sein Büro und sorgten dafür, dass die nächsten Monate finanziell abgesichert waren. Ein Anfang war gemacht!

Vielleicht haben Sie ja Lust, bei zukünftig auftretenden Problemen und Herausforderungen erst einmal den Blick ausführlich in Ihrem Umfeld kreisen zu lassen. Nicht auszuschließen, dass sich irgendwo schon eine Lösung versteckt hat.

Das Gesetz der Anziehung wirkt auch bei Ihnen

Ich kenne mittlerweile keinen Menschen mehr, dem das Prinzip, dass gute Gedanken Gutes anziehen, fremd ist. (Das gilt natürlich auch umgekehrt: Schlechte Gedanken ziehen Schlechtes an. Aber das wissen Sie ja schon.) Theoretisch müsste also jeder Mensch in der größtmöglichen Fülle leben. Leider verhält es sich ganz anders. In der Regel versuchen die meisten, in ihrem eng gesteckten Lebensradius irgendwie zurechtzukommen. Aber warum? Sind sie nur zu bequem, sich etwas Gutes und Schönes im Leben vorzustellen? Oder ist der Mensch tatsächlich so ein Gewohnheitstier, dass er wider besseres Wissen von seiner antrainierten negativen Grundeinstellung nicht abweichen möchte?

Einige Gründe, warum es manchen Menschen schwerfällt, eine neue, positive Haltung einzunehmen, haben wir schon in den letzten Kapiteln bearbeitet. Sie wissen ja jetzt, was Sie tun müssen, um den Fallen zu entgehen, die dafür verantwortlich sind. Nichtdestotrotz ertappe ich aber hin und wieder selbst geübte Positivdenker dabei, wie sie sich in einem unbedachten Moment dem Strom der negativen Anziehung wieder öffnen. Wüssten sie, mit welchem Verhalten sie diese Öffnung bewirken, würden sie es sofort unterlassen. Damit Sie also keinen Rückfall erleiden und wieder hinter Ihren alten Gefängnismauern landen, verrate ich Ihnen nun, was Sie dringend vermeiden sollten, um negative Situationen in Ihr Leben einzuladen.

Vermeiden Sie zukünftig, über Lebenssituationen, die Sie als ungut empfunden haben, immer wieder zu sprechen. Sie wecken durch die Wiederholungen die schlafenden Geister der Vergangenheit auf. Im Nu wirbeln die fast vergessenen unschönen Bilder planlos in Ihrer Innenwelt herum. Die dazugehörigen Emotionen steigen Ihnen in den Kopf und Ihr Körper spannt sich an. Indem Sie alte Ungerechtigkeiten und Ärgernisse aufs Neue zum Thema machen, laden Sie negative Energien ein, in ihrem Ausstrahlungsfeld einen Platz zu finden. Um diesen Vorgang einmal bildhaft zu erklären: Stellen Sie sich vor, Sie sind in eine Leuchtbanderole gehüllt, auf der alle möglichen Ereignisse der Vergangenheit festgehalten sind. Jeweils das, worüber

Sie gerade sprechen, beginnt hell leuchtend zu blinken. Mit jeder negativen Erinnerung, die Sie zum wiederholten Mal an die Oberfläche holen, aktivieren und vergrößern Sie die Leuchtfläche und ziehen fast magnetisch ähnlich gelagerte neue negative Erfahrungen in Ihr Leben. So funktioniert das Gesetz der Anziehung.

Ein wirklich effektives Training, um diese Aktivierung zu vermeiden, besteht darin, sich bewusst darüber zu werden, dass jede negative Äußerung am Ende wieder bei einem selbst landet. Jemand, der keine Kenntnis von diesem Prinzip hat, würde nie auf die Idee kommen, dass er viele seiner unschönen Lebenserfahrungen durch seine ungünstig ausgerichtete Anziehungskraft selbst verursacht hat. Beobachten Sie sich einmal dabei, wie oft am Tag Sie versucht sind, über irgendjemanden etwas Unschönes zu erzählen oder auch die schlimme Weltlage zu kommentieren. Selbst wenn Sie mit Ihrer Aussage und Bewertung richtigliegen, verändert die Tatsache nichts im Leben der anderen. Es verändert aber Ihre Ausstrahlung. Sie kennen wahrscheinlich Menschen, die den ganzen Tag nichts Besseres zu tun haben, als Negatives über andere Personen zu verbreiten. Schauen Sie diesen Menschen ins Gesicht und Sie sehen die Verbitterung aus jeder Pore heraustreten. In ihrer Gegenwart hält man sich nicht besonders gerne auf.

Jemand, der sich in ein inneres Funktionsgefängnis katapultiert hat, wird weniger Widerstandskraft besitzen, sich gegen die Auswirkungen solcher vergangener negativer Bilder zu wehren. Deswegen ist an dieser Stelle äußerste Disziplin gefragt. Nicht zuletzt deshalb, weil Körper, Geist und Seele eine Einheit bilden und negatives Denken sich in körperlichem Unbehagen oder sogar in Krankheiten niederschlagen kann. Achten Sie also darauf, dass Sie mit der entsprechenden Einstellung Positives anziehen und Ihnen vornehmlich das frei Haus geliefert wird, was Sie sich für Ihr Leben wünschen. Lassen Sie die negativen Erfahrungen der Vergangenheit dort, wo sie hingehören: in der Vergangenheit. Genießen Sie lieber die Gegenwart und sehen Sie der Zukunft positiv entgegen. Das generiert schöne Bilder in Ihrer imaginären Leuchtwerbebande und zieht mehr von diesen positiven Situationen an.

Verbinden Sie sich mit Ihrem Leben

Wer es »geschafft« hat, mehr zu funktionieren als zu agieren, hat irgendwann den Kontakt zu seiner Lebenskraft und Intuition verloren. Beide Faktoren sind essentiell wichtig, um körperlich und mental gesund zu bleiben. Es wäre schön, wenn ein Anleitungsbuch zum Gebrauch der eigenen Energie bei der Geburt gleich mitgeliefert würde. Dann könnte man bei Bedarf – wie bei einer Waschmaschine, bei der das Wasser aus der Trommel nicht mehr ablaufen möchte – schnell nachlesen, was zu tun ist, wenn sie sich aus dem Staub gemacht hat. Oder man könnte unter der Rubrik »Störungen« nachlesen, welche Schritte man einleiten sollte, um wieder intuitiv, kreativ und lösungsfokussiert handeln zu können. Solch eine praktische, kompakte Gebrauchsanweisung gibt es leider nicht. Aber es gibt viele verschiedene Möglichkeiten, wieder bei sich und seiner Lebensleitspur anzukommen.

Je tiefer man sich in seinem Funktionsgefängnis eingegraben hat, umso weniger kann man den Zugang zu seiner eigenen Lebenskraft noch wahrnehmen. Ja, oftmals fühlt es sich sogar so schrecklich an, dass die Angst sich im Inneren breitmacht, die Verbindung zum Lebendigen im Leben könnte für immer gekappt worden sein. Keine Sorge: Das ist nicht so und es kann auch gar nicht so sein, vielmehr versucht der menschliche Verstand ein übles Spiel zu spielen und einem einzureden, dass Hopfen und Malz verloren ist. Das gilt es erst einmal zu erkennen.

Kathrin hat sich kürzlich genau in so einer unglücklichen Situation befunden. Eingesperrt in ihr inneres Gefängnis redete ihr Verstand ihr erfolgreich ein, dass es mit ihrer Karriere nun ja wohl komplett vorbei sei. Ihr Körper reagierte brav auf das Kommando des neuen Herrschers. Erst ereilte sie ein Bandscheibenvorfall, dann gesellte sich ein Hörsturz dazu. Alle ihre Lebensgeister schienen sie verlassen zu haben. Ohne dass ihr dies bewusst war, war dieser Prozess schon vor Jahren von ihrem Verstand eingeleitet worden. Nicht weil er böse ist. Er kann nur so agieren, wie er programmiert wurde – bei Kathrin ganz klar in Richtung Leistung und Perfektion. Erschwerend kam hinzu, dass sie so gar nicht offen ist für die diversen alternativen Prinzipien, die zwischen Himmel und Erde am Werk sind. Kein Wunder, dass sie nicht an Wunder glaubte! Dabei hatte sie schon so viele in ihrem Leben erlebt. Wie macht man also jemandem, der sich den intuitiven und lebensbejahenden Gesetzen verweigert, klar, dass jetzt der Zeitpunkt gekommen ist, sich innerlich komplett anders aufzustellen?

Zyniker würden jetzt vielleicht anmerken, dass der Schmerzpunkt wohl noch nicht erreicht ist, um freiwillig etwas zu ändern. Doch das war er leider. Also gab ich Kathrin als Erste-Hilfe-Maßnahme die Aufgabe, sich für Kurse anzumelden, die sich mit autogenem Training, Yoga, Qigong oder ganz allgemein Entspannung befassen. Das Ziel war, ihren Körper so gut wie möglich zu versorgen, damit wir den Geist und die Seele nachholen konnten. Für den Geist gab ich ihr Übungen aus dem Mentaltraining, mit deren Hilfe sie das Wirken und den Einfluss der positiven Gedankensteuerung erfahren konnte. Wartete noch die schwierige Aufgabe auf uns, sie wieder mit ihrem Leben zu verbinden. Bei skeptischen Menschen bleibt einem als beratender Unterstützer nur die Wahl, alles auf eine Karte zu setzen. Also sind wir volles Risiko gefahren. Sie sollte sich drei Situationen oder Probleme notieren, die sie gerne aus der Welt geschafft haben wollte. Gleichzeitig forderte ich einen Einsatz von ihr, damit sich alles zum Guten auflösen würde: den Einsatz, ihrem Leben die Chance zu geben, ihr helfen zu können.

Das größte Problem, das ihr zu schaffen machte, war ihre Rückstufung in der Unternehmenshierarchie – für sie und ihr Ego verständlicherweise eine ganz bittere Pille, die da zu schlucken war. Da sie weiterhin eine verantwortungsvolle, gut bezahlte Position innehaben wollte, stellten wir gemeinsam einen Plan auf, wie sie es schaffen könnte, in einem anderen Unternehmen eine solche Stelle zu bekommen. Denn bei ihrem jetzigen Arbeitgeber war durch den ganzen Changeprozess und ihre zahlreichen Krankheitstage zu viel gute Erde verbrannt, als dass es dort noch eine

Option zum Aufstieg gegeben hätte. Kathrin überprüfte nun ihr berufliches Netzwerk und fertigte eine Liste mit den Namen all derjenigen Geschäftspartner an, die ihr Informationen über geeignete vakante Stellen geben konnten. Außerdem zeigte sie sich vermehrt bei Veranstaltungen. Und zu guter Letzt brachte sie ihre Bewerbungsunterlagen auf Vordermann und trainierte mit Freunden Bewerbungsgespräche. So sammelte sie Beweis über Beweis ein, dass sie es schaffen kann, ihr Ziel zu erreichen. Helfende Hände von überallher tauchten wie durch ein Wunder plötzlich aus dem Nichts auf, um genau im richtigen Moment zur Stelle zu sein. Kollegen, Nachbarn, Freunde, der Ehemann, sogar die Schwester, mit der sie seit Jahren im Clinch lag, meldeten sich spontan bei ihr und boten Unterstützung an. All dies zusammengenommen – die Fähigkeit, nach vorn zu blicken; die Bereitschaft, selbst aktiv zu werden, sich aber auch helfen zu lassen; abzugeben, so dass andere übernehmen konnten – half ihr dabei, die Verbindung zu ihrem Leben wiederaufzunehmen. Sie hatte ja glücklicherweise nur die Erinnerung daran verloren.

Wer in ständiger Verbindung mit der eigenen Lebenskraft oder dem Leben überhaupt steht, der hat seinen Joker immer dabei. Dieses Gefühl macht stark, unangreifbar und gelassen – die besten Voraussetzungen dafür, dass das Leben in die gewünschte Richtung läuft. Schauen wir uns nun an, wie man diesen Prozess, mit dem Leben in Verbindung zu kommen, noch etwas beschleunigen kann.

Es ist gar nicht so schwer, ein bisschen zu zaubern

Menschen aus meiner Berufssparte bemühen sich stetig darum, neue Methoden und Werkzeuge für ihre Kunden zu entwickeln, mit deren Hilfe es ihnen gelingen soll, besser mit ihrem Leben zurechtzukommen. Einer der ganz großen Schlüssel, um kurzfristig in den Zustand der Entschleunigung oder Gelassenheit zu kommen, ist eine Jetzt-ist-es-mir-auch-schon-egal-Haltung. Man erreicht sie, indem man sich auf einem schmalen Grat bewegt, auf dessen einer Seite die zu hohen Anforderungen liegen, die man an sich selbst gestellt hat, und auf der anderen Seite die Ziele und Träume, die man nicht aus den Augen und dem Herzen verlieren darf.

Die feste innere Gewissheit, dass im Leben alles so kommt, wie es für uns richtig ist, kann magische Begebenheiten auslösen: die langersehnte Filmförderung, die plötzlich für ein Herzensprojekt genehmigt wird; die neuen Kunden, die wie von Zauberhand den Weg in unsere Geschäftsräume finden; das Kind, das wir uns seit Langem so sehnlich wünschen; eine bezahlbare Wohnung, nach der wir zwei Jahre entnervt gesucht haben. Allen Geschichten geht eine andere voraus. Damit die wundersame Lieferung bei uns eintreffen konnte, mussten wir etwas loslassen. Wir haben vielleicht gesagt: »Okay, wenn ich wieder bei der Filmförderung leer ausgehe, steige ich aus dem Filmgeschäft aus und widme mich einem anderen Thema.« Oder: »Wenn in den nächsten vier Wochen nicht fünf neue Mandanten in meine Kanzlei kommen, werde ich zurück ins Angestelltenverhältnis gehen.« Oder: »Wenn ich in drei Monaten immer noch nicht schwanger bin, hake ich das Thema ab und kümmere mich um eine Adoption.« Oder: »Dann bleibe ich eben in meiner kleinen Wohnung und warte, bis das Glück von selbst an meine Tür klopft.« Und es klopft – genau in dieser winzigen kleinen Sekunde, in der wir scheinbar aufgeben und der Verstand einfach einmal die Klappe hält. In dieser Sekunde entsteht eine magische Kraft, die blitzschnell das Umfeld sondiert und günstige Gelegenheiten mit Hochgeschwindigkeit in unser Leben katapultiert.

Das bedeutet im Umkehrschluss, dass jedes hartnäckige, verbissene und kräftezehrende Verhalten zu vielem führt, nur nicht zu dem gewünschten Ergebnis. Sie kennen sicher Aussagen wie: »Ich weiß auch bald nicht mehr, was ich tun soll, aber es wirkt so, als ob ich Pech an den Händen hätte. Ich tue und mache und arbeite wie ein Verrückter, aber die Krümel, die dabei herauskommen, stehen in keinem Verhältnis zu dem Aufwand.« Wie wahr, wie wahr! Ich kann mich noch genau daran erinnern, wie mein erstes Buch vor knapp drei Jahren auf den Markt gekommen ist. Ich hatte mich in den Wochen vorher sehr intensiv mit den Themen Marketing und Pressearbeit beschäftigt und wartete gespannt auf die vielen Stapel meiner Bücher, die ich am Erscheinungstag in den Buchhandlungen vorfinden würde. Es kam leider ganz anders. Nicht eine von mir besuchte Buchhandlung hatte mein Buch vorrätig. Erstarrt zu einer Salzsäule sah ich meinen Herzenswunsch, noch etliche weitere Bücher schreiben zu können, davonfliegen. Denn welcher Verlag arbeitet mit einer erfolglosen Autorin zusammen? So breitete sich erst der Ärger in mir aus, dann folgte die Wut auf alle, die mich scheinbar so schlecht beraten hatten. In dieser Situation halfen mir auch nicht die vielen gut gemeinten Ratschläge von anderen Autoren, die mir versicherten, dass jeder, der sich erstmals auf den Buchmarkt begibt, vor diesem Drama steht. Da ich mit meinem Latein am Ende war und allem Anschein nach eh keinen Einfluss mehr auf mein Wunschergebnis hatte, ließ ich meinen Traum nach zweieinhalb Wochen einfach los. Ich war sowieso mit meinem Umzug beschäftigt. Und so sagte ich spontan zu meiner mir beim Kistenpacken helfenden Freundin: »Dann verkaufe ich eben jedes Buch einzeln. Dauert dann halt ein paar Jahre, bis die erste Auflage an den Mann gebracht ist.«

Am nächsten Tag geschah das Wunder. Meine Lektorin rief an und sagte, ich solle mich erst mal setzen. Und wenn ich die Nachricht verdaut hätte, den Champagner aus dem Kühlschrank holen. Was dann kam, glich wirklich einem Kapitel aus einem Zaubermärchenbuch: Die erste Auflage meines Erstlingswerks war drei Wochen nach Erscheinen komplett verkauft und der Verlag gab schon den Auftrag nachzudrucken. Das tat er übrigens sechs Wochen später noch einmal. Niemand hatte eine Erklärung dafür, wie so etwas möglich war. Heute weiß ich, dass die Bereitschaft, meinen Herzenswunsch loszulassen und jedes Ergebnis zu akzeptieren, das sich einstellen würde, diese Zauberkraft in Gang gesetzt hatte. Ich bin fest davon überzeugt, dass jeder Mensch zaubern kann, wenn er möchte. Er muss nur aufhören, sein Ziel allzu verbissen zu verfolgen.

Beginnen Sie damit, Ihrer Intuition zu vertrauen

Bleiben wir noch eine Weile in der Welt der Magie und Zauberei. Ich bin mir ganz sicher, dass jeder Leser mehrere Geschichten parat hat, die von magischen Wendungen in seinem Leben erzählen. Von Wegkreuzungen, vor denen man plötzlich steht und sich die Frage stellt: »Wieso taucht hier eine weitere Richtungsoption auf? Ich war mir so sicher, wie meine zukünftige Wegstrecke verlaufen wird, und wie aus dem Nichts wird mir jetzt eine neue Variante zur Verfügung gestellt.« Ja, und wie soll man sich dann entscheiden? Einfach auf den berühmten Bauch hören? Warum nicht? Die meisten erfolgreichen Menschen berichten, dass sie an irgendeinem Punkt in ihrem Leben einfach ihrem Instinkt gefolgt sind – ohne Netz und doppelten Boden oder einen Plan B. Bedingungslos folgten sie der magischen Spur ihres Lebens. Das Gefühl im Bauch war so stark, dass nichts und niemand sie aufhalten konnte, ihm nachzugeben. Im Nachhinein sprechen sie dann meist von der besten Entscheidung ihres Lebens.

Wie kann man für sich herausfinden, welche Stimme im Inneren der Intuition gehört und welche dem rationalen Verstand? Die intuitive Stimme zeichnet sich dadurch aus, dass sie kaum zu hören ist. Im Gegensatz zu der Stimme des oft dominanten Verstandes. Die ist laut, streng und hart. Die intuitive Flüsterstimme ist weich und am besten über das Fühlen wahrzunehmen. Manchmal prickelt es nur im Bauch, manchmal hat man das Gefühl, als schwirre dort ein ganzer Bienenschwarm herum. Man kann es als ein Sammelsurium von Gefühlen der freudigen Erwartung beschreiben, gepaart mit viel Zuversicht, unbeirrbarem Mut und innerer Sicherheit. Oftmals denkt man dabei: »Ich weiß jetzt genau, was zu tun ist.« »Diesmal bin ich mir ganz sicher.« »Wenn ich jetzt nicht handle, werde ich es mein Leben lang bereuen.« »Was habe ich schon zu verlieren? Ich kann dabei nur gewinnen!«

Wer oder was würde Ihnen helfen, Ihrem Bauchgefühl zu vertrauen? Oder anders gefragt: Was hat Sie bis jetzt davon abgehalten, dies zu tun? War es die Angst, zum wiederholten Mal mit etwas zu scheitern, das Ihnen am Herzen gelegen hat? Oder gar, sich mit der von Ihnen getroffenen Entscheidung ins Verderben zu stürzen? Glauben Sie, dass Intuition nur ein Hirngespinst von esoterischen Spinnern ist? Jeder Mensch hat die Freiheit zu glauben, was er für richtig hält. Fakt ist, dass diejenigen, die gelernt haben, auf ihre Intuition zu hören, von einem Gefühl der unumstößlichen Stärke berichten, sehr oft gute Laune haben und ihr kreatives Potenzial voll ausschöpfen können. Je öfter man sich traut, den Sprung ins intuitive Ungewisse zu wagen, desto ausgeprägter ist die Gewissheit, so richtig zu sein, wie man eben ist. Wie können Sie nun die Intuition zu einem festen Bestandteil Ihres Lebens machen?

ÜBUNG:

Üben Sie, die verschiedenen Stimmen in Ihrem Inneren zu unterscheiden. Dazu notieren Sie sie und versehen sie mit einem Charakter (z.B. die Strenge, die Schüchterne, die Rechthaberische, die Verunsicherte, die Ängstliche).

Räumen Sie der kleinen, schüchternen (also intuitiven)

Stimme mehr Raum ein, indem Sie ihr Fragen stellen, zum Beispiel: Welchen Vorschlag machst du mir, damit ich aus diesem beruflichen Dilemma herauskomme?
Suchen Sie den Kontakt zu Ihrer Intuition, so wie Sie eine gute Freundin anrufen, um sie um Rat zu fragen.
Spüren Sie in Ihren Bauch, um herauszufinden, wie er sich anfühlt, wenn Sie im Prozess der Entscheidungsfindung sind.
Wenn Sie bei einer Entscheidung zu lange überlegen müssen und die Pro- und Kontra-Argumente innerlich immer wieder von links nach rechts schieben, dann ist das ein Indiz dafür, dass nicht Ihre Intuition am Werk ist.

Was immer Sie anstellen können, um in den bewussten Kontakt mit Ihrer Intuition zu kommen, fördern Sie es! Einigen gelingt das am besten, wenn sie in die Natur gehen. Andere powern sich lieber beim Sport aus. Die Nächsten meditieren oder widmen sich Achtsamkeitsübungen. Wer den Dreh herausbekommen hat, eng mit seiner Intuition zusammenzuarbeiten, der wird mit Sicherheit nicht wieder in einem Funktionsgefängnis landen. Denn die Intuition wird dafür sorgen, dass Sie sich nicht mehr überfordern, sondern auf Ihren Körper hören, wenn er Ruhephasen einfordert. Sie wird sich bemerkbar machen, wenn Sie dabei sind, die Wünsche von anderen mit Ihren eigenen zu verwechseln. Und sie wird Ihnen das Gefühl geben, autark, authentisch und wahrhaftig durchs Leben zu gehen. Schon allein aus diesem Grund sollten Sie ein großes Interesse daran haben, sich von Ihrem Schatten zu verabschieden. Was es damit auf sich hat, erzähle ich Ihnen gleich.

Wie aus dem Schatten magische Momente werden

Damit Sie sich künftig mit Freude aus Ihrem persönlichen magischen Pool bedienen können, werden wir nun betrachten, welche Rolle Ihr Schatten dabei spielt.

Kurz vor Weihnachten kam es zu einer sehr bizarren Situation auf unserem Wochenmarkt. Traditionellerweise schenken in diesen Tagen einige Händler alkoholfreien Punsch aus und bieten selbstgebackene Kekse dazu an. So stand ich schon morgens um acht Uhr mit einigen älteren Marktbesuchern an einem Stehtisch und plauderte über dies und jenes. Eine Dame war in einer besonderen Plauderlaune. Sie erzählte von ihren Bühnenauftritten, die sie mit ihren vierundachtzig Jahren noch immer absolvierte, sowie von anderen Erfolgen in ihrem Leben. Da ich solche Geschichten liebe, schenkte ich ihr meine ganze Aufmerksamkeit und kommentierte das eine oder andere. Das wiederum gefiel der alten Dame seltsamerweise überhaupt nicht. Im Gegenteil. Sie wies mich an, sie doch bitte ausreden zu lassen, und korrigierte mich netterweise auch gleich bei einer Formulierung. So früh am Morgen bin ich rhetorisch noch nicht auf Betriebstemperatur und auf diese Art von Konfrontation war ich natürlich gar nicht eingestellt. Ich versuchte also, mich höflich zu retten, was die ganze Sache nur noch verschlimmerte. Anscheinend war ich aber auch gar nicht mehr das angemessene Publikum für die Dame, jedenfalls zog sie zum nächsten Stand weiter. Zurück blieb ich mit einem komischen Gefühl im Bauch.

Wie aus dem Nichts traten unvorbereitet verschiedene

Stimmen aus meinem Inneren an meine Bewusstseinsoberfläche und diskutierten heftig darüber, was mir diese Erfahrung mitteilen möchte. Die eine Stimme blökte aus einer fiesen Ecke, dass es ja endlich einmal Zeit wurde, dass mir mal jemand die Meinung geigt. Meine vorlaute Art sei ja wirklich nicht zum Aushalten. Die nächste Stimme war noch leicht im Schock und wimmerte fast: »So hört sich das wahrscheinlich an, wenn du über deine eigenen Erfolge redest.« Wieder eine andere Stimme sagte: »Aber ich wollte doch nur freundlich sein und war ja auch ehrlich begeistert, dass die Dame in diesem hohen Alter noch so fit ist und auf der Theaterbühne steht.« Mein Bauch signalisierte nur: »Ertappt!« Wobei auch immer.

Mit meinen schweren Einkäufen bepackt schoss mir auf dem Weg zum Auto ein Geistesblitz durch den Kopf und ich war mir sicher: Gerade eben hast du deinen Schatten getroffen! Den Teil in dir, der schnell ungeduldig wird, der sich falsch verstanden fühlt, der oftmals nicht sieht, dass es Menschen gut mit dir meinen, der korrigiert, obwohl niemand danach gefragt hat, und der Angst davor hat, alt und gebrechlich zu werden. Wow, den zu treffen, das kam an diesem Morgen sehr unverhofft auf mich zu – abgesehen davon, dass es natürlich immer seltsam ist zu sehen, wie der eigene Schatten plötzlich Gestalt annimmt. Aber nun hatte ich endlich eine Richtung, in die ich denken konnte. Denn gefühlt hatte ich schon seit längerer Zeit, dass ich in meinem Verhalten, das mich ehrlich gesagt selbst manchmal nervt, etwas verändern möchte. Nur wusste ich bis zu diesem Morgen nicht, was es genau war.

Also bin ich sofort und auf der Stelle in meinen Transformationsprozess eingestiegen. Dazu habe ich mir notiert, was genau mich an meinem Schatten stört und wie es mir zukünftig gelingen kann, dieses offenbar nicht mehr nützliche Verhalten von meiner Welt zu entkoppeln. Schon einige Stunden später wurde ich vom Leben für den Gang über mein Ego belohnt. Durch Zufall traf ich am Nachmittag in der Stadt eine Bekannte, die den Ruf »genießt«, Haare auf den Zähnen zu haben. Jeder versucht, einer Diskussion mit ihr aus dem Weg zu gehen, da sie immer das letzte Wort haben will. Sie nötigte mich fast, mit ihr schnell einen Kaffee trinken zu gehen. Da ich an diesem Tag allem Anschein nach die Heute-will-ich-was-lernen-Karte gezogen hatte, ging ich mutig mit. Aber anders als erwartet, geschah etwas wirklich Zauberhaftes. Mein tiefer Blick in ihre Augen zeigte mir, warum sie oftmals so übergriffig mit anderen Menschen umgeht: Ihr Schatten ist meinem nicht unähnlich. Das Schönste an diesem Treffen war für mich, dass ich nach so vielen Jahren endlich sehen konnte, dass es diese Frau im Grunde genommen immer gut mit mir gemeint hat, auch wenn sich das aus ihrem Mund oft ganz anders angehört hatte. Es gibt ja das schöne Sprichwort: »Das, was du in anderen siehst, ist der Spiegel deiner selbst.« So bin ich weiter eifrig dabei, mich mit meinem Schatten auseinanderzusetzen, damit noch mehr magische Momente in mein Leben treten können.

Vielleicht fragen Sie sich jetzt, was das Zusammentreffen mit dem eigenen Schatten mit einem Wunder zu tun hat. Die Antwort ist ganz einfach. Es ist ein Wunder, wenn man seinen Schwächen ins Gesicht sehen kann, ohne daran zu zerbrechen. Wenn man vielmehr motiviert ist, daran zu arbeiten. Das lässt das eigene Ego normalerweise nämlich äußerst ungern zu. Es ist ein Wunder, wenn man dieses Ego zur Seite schieben kann und nicht davor zurückschreckt, sich seinen Themen zu stellen und vom Leben führen zu lassen. Es grenzt an ein Wunder, wenn man seinen Schatten letztendlich annehmen kann.

So finden günstige Fügungen den Weg in Ihr Leben

Ich habe schon davon gesprochen, dass Wunder in Ihrem Leben stattfinden, die Sie gar nicht als solche registrieren, weil Sie zu beschäftigt oder zu wenig achtsam sind. Das ist das eine. Das andere ist, dass sie manchmal gar nicht stattfinden können. Und zwar dann, wenn Sie versäumt haben, ihnen einen Raum zur Verfügung zu stellen.

Wunder geschehen leichter, wenn Sie mit der wirklich großartigen Grundeinstellung durchs Leben gehen, dass alles, was passiert, einen Sinn ergibt. Auch wenn man ihn nicht immer sofort erkennt. In der Rückbetrachtung vieler voneinander völlig unabhängiger Ereignisse konnte ich feststellen, dass die einzelnen Episoden aneinandergereiht für einen perfekten Ablauf in meinem Leben gesorgt haben. Gäbe es also ein Rezept im Kochbuch des Lebens, das die Basis dafür ist, dass magische Momente oder günstige Fügungen eintreten können, dann wären dafür folgende Zutaten notwendig:

1000 g Vertrauen in das Leben
500 g Mut, alte Pfade zu verlassen
800 g Gewissheit, dass es immer eine gute Lösung gibt
500 g Offenheit für Neues
600 g Bereitschaft, sich von anderen Menschen helfen zu lassen
2000 g Erlaubnis, sich so zu lieben, wie man ist

Wenn Sie diese Zutaten nutzen, um Ihr Leben zu meistern, werden Sie immun gegen Stress, Hetze und das leidige Sich-selbst-in-Frage-Stellen. Einfach deshalb, weil sich durch die tägliche Verwendung der oben genannten Zutaten eine gelassene Einstellung in Ihrer Innenwelt breitmacht. Genau diese Einstellung ist verantwortlich dafür, dass sich günstige Fügungen oder magische Momente in Ihr Leben verirren können. Wer sein Leben und das der anderen wie auf einem Sezierbrett permanent analysiert und sich in Gedankenschleifen bewegt, dessen Augen werden blind für zauberhafte Begegnungen und Lösungen im Leben. Denn Fakt ist, günstige Fügungen klopfen an jeder Tür an. Aber nur der Sehende lässt sie auch ein.

KAPITEL 6:

So nehmen Sie Ihre Lebenszügel wieder in die Hand

Ordnen Sie Ihr Leben neu

Inzwischen ist uns allen klar geworden, warum wir irgendwann in einem Funktionsgefängnis gelandet sind und unser Leben so gelaufen ist, wie es eben gelaufen ist: Wir haben an einem bestimmten Punkt die Zügel aus der Hand gegeben, ohne uns dessen bewusst zu sein. Das konnte passieren, weil wir in unserer Kindheit bestimmte Programmierungen und Glaubenseinstellungen in unserer Innenwelt abgespeichert haben, die sich im Heute ungünstig auswirken. Und manchmal kommt dann noch ergänzend hinzu, dass uns die Leichtigkeit des Seins verloren gegangen ist.

Neulich rief mich eine Kundin an, die gerade dabei ist, eines meiner Intensivtrainingsbücher durchzuarbeiten. Sie wollte mir die frohe Nachricht überbringen, dass sie sich noch während des Lesens ganz spontan dazu entschlossen hat, ab sofort damit aufzuhören, mit aller Macht etwas erreichen zu wollen. Mittlerweile ist sie sich gar nicht mehr so sicher, ob ihr angestrebtes Ziel, eine Professur, sie wirklich glücklicher machen würde. Klingt vielleicht seltsam, ist es aber nicht. Sich zwischendurch einmal die Frage zu stellen, ob die Ziele, die wir unbeirrt und mit einem wahnsinnigen Aufwand verfolgen, noch die richtigen sind, ist gar nicht so absurd. Das haben wir weiter vorn schon einmal kurz thematisiert. Auf dem Weg durchs Leben kann sich an jeder Ecke eine Möglichkeit auftun, die viel interessanter ist und besser zu uns passt als die Idee, die wir gerade in einem Gewaltakt zu verwirklichen versuchen. Um wieder in einen ausbalancierten und selbstbestimmten Lebensmodus zu wechseln, ist es sogar essentiell, sich permanent Fragen zum weiteren Nutzen begonnener Vorhaben zu stellen.

Sobald wir eine neue Ordnung in unserer Innenwelt zulassen, verändern sich auch unsere Haltung und die Einstellung zu verschiedenen Dingen, die uns unmittelbar betreffen. Die nächste Übung wird Sie dabei unterstützen, zu Ihrer neuen Ordnung zu finden.

ÜBUNG:

Notieren Sie die fünf wichtigsten Ziele und Vorhaben, die Sie in den nächsten drei Jahren erreichen möchten, und beantworten Sie dann die nachfolgenden Fragen.

1. Welche Ihrer Talente werden Sie dafür verstärkt zum Einsatz bringen?
2. Wie bewerten Ihnen nahestehende Personen Ihre Zielaufstellung?
3. Welche Ideen und Anregungen haben Sie von ihnen bekommen?
4. Was schätzen andere Personen besonders an Ihnen?
5. Mit welchen Tätigkeiten erreichen Sie in Lichtgeschwindigkeit Großes?
6. Wenn Sie drei Wünsche frei hätten, welche wären das?
7. Welche magischen Momente haben Sie in den letzten zwei Monaten erlebt?

8. Sind Sie in letzter Zeit in absurde oder bizarre Lebenssituationen geraten, die aus dem Rahmen fallen?
9. Wenn es eine Person gäbe, die auf alles eine Antwort parat hat, welche Frage würden Sie ihr stellen und welche Antwort würden Sie sich von ihr wünschen?
10. Wenn über Nacht ein Wunder passiert wäre, in welchen Lebensumständen wären Sie dann gelandet?

Wenn Sie sich auf die Fragen einlassen konnten, bin ich mir absolut sicher, dass sich einige Ihrer Vorhaben modifizieren werden. Ich selbst habe mir angewöhnt, mich mindestens zwei Mal im Jahr mit diesen oder ähnlichen Fragen auseinanderzusetzen, um für mich festzustellen, ob ich mich noch auf meiner richtigen Lebensspur befinde.

Wer delegieren kann, ist klar im Vorteil

Sie haben es schon mindestens hundert Mal gehört, nur halten Sie sich nicht daran: Nehmen Sie sich nicht zu viele Aufgaben vor, die Sie an einem einzigen Tag bewältigen wollen! Weniger ist mehr! Denn wer sich mit einer To-do-Liste für den neuen Tag bewaffnet, die mindestens zwanzig Erledigungspunkte beinhaltet, der ist schon schweißgebadet, bevor er überhaupt mit dem Abarbeiten anfängt. Allein schon deswegen, weil es bei diesen zwanzig Punkten nicht bleiben wird. Unvorhergesehene Verzögerungen oder plötzlich aufploppende ultradringliche Dinge, die sich dazwischenmogeln, sind nämlich noch gar nicht berücksichtigt.

Neulich bin ich auf ein Zeitmanagementsystem gestoßen, das mit genau sechs Punkten operiert, auf die man täglich seinen Fokus richten sollte. Auf einer Liste setzt man die wichtigste Aufgabe an die oberste Position, die zweitwichtigste darunter, und so fährt man fort, bis alle sechs Punkte verteilt sind. In einer weiteren Liste notiert man alle Aufgaben, die noch in den nächsten Tagen zu erledigen sind. Aus diesen Punkten wählt man wieder sechs Punkte aus. Der Erfinder dieser Methode, der amerikanische Unternehmensberater Ivy Lee, hat damit bei vielen seiner Kunden große Erfolge erzielt. Ihr hoher Wert liegt darin, dass man es so vermeidet, inneren Druck aufzubauen, und sein täglich abzuarbeitendes Pensum als lockeren Spaziergang wahrnimmt – die Krönung eines effektiven Zeitmanagements.

Aber damit nicht genug. Mein Vater ließ sich vor Kurzem zu der Bemerkung hinreißen, dass er niemanden kenne, der andere Leute so wie ich zum Arbeiten bringt. Während er mir das am Telefon sagte, lag ich tatsächlich gerade kurz auf dem Sofa, schaute nach draußen und sah meinen Mann und meine beste Freundin im Garten arbeiten. Ich hatte nicht einmal ein schlechtes Gewissen dabei. Denn für meine Freundin ist Gartenarbeit ihr größtes Entspannungshobby und mein Mann schaltet beim Herumwuscheln in Haus und Garten herrlich von seinem stressigen Managerjob ab.

Die Kunst, delegieren zu können, ist nicht nur im beruflichen Kontext sehr effektiv, sondern auch im privaten Bereich. Wir Menschen haben so unterschiedliche Interessen, Vorlieben und Begabungen – wenn wir uns in unserem täglichen Tun auf die Tätigkeiten konzentrieren würden, die wir am besten können und am meisten lieben, dann gäbe es mit Sicherheit nicht so viele, die ausgelaugt und ausgebrannt sind. Ich zum Beispiel habe mich mein ganzes Leben lang hartnäckig geweigert, Hemden für meine Partner zu bügeln. Nicht weil ich eine Emanze bin, sondern weil ich das Bügeln so abgrundtief scheußlich finde, dass ich sofort schlechte Laune bekomme, wenn ich nur das Bügelbrett aufbauen muss. Andere dagegen lieben es geradezu, beim Fernsehen zu bügeln, und können sich dabei bestens entspannen.

Wie eignet man sich die Fähigkeit an, Aufgaben zu delegieren, die einem nicht leicht von der Hand gehen? Der erste Schritt besteht darin, sich alle Aufgaben zu notieren, die man zu erledigen hat. Danach markiert man diejenigen, die man gerne anderen Personen übertragen möchte. Und nun geht man in Gedanken sein privates und berufliches Netzwerk durch und überlegt, wer konkret dafür in Frage kommen könnte. Bestimmt befinden sich unter diesen Kontakten genug Menschen, die einem gerne unterstützend zur Seite stehen. Natürlich bietet man im Gegenzug Arbeiten an, von denen man weiß, dass sie dem anderen Stress bereiten, während sie einem selbst leicht von der Hand gehen. So mache ich das beispielsweise mit Freunden, denen es schwerfällt, Texte zu schreiben. Das erledige ich für sie, und sie tun dafür Dinge für mich, die ich nicht so gerne mag: zum Beispiel ein Konto bei Amazon einrichten oder mich in das Facebook-Prinzip einweisen.

Für alle, die ungeübt im Delegieren sind, habe ich einen Tipp parat: Fangen Sie mit einer kleinen Sache an, die Sie gerne abgeben möchten. Wenn Ihnen das erfolgreich gelungen ist, wählen Sie die nächste zu verteilende Aufgabe aus und suchen ein »Opfer«. Und so weiter. Natürlich werden Sie es nicht schaffen, alle ungeliebten Jobs zu delegieren, bis am Schluss nur noch Aufgaben übrig sind, die Sie gern erledigen. Aber Sie kommen Ihrem Ziel, sich vorrangig mit Dingen zu beschäftigen, die Ihnen Kraft spenden, anstatt sie Ihnen zu nehmen, garantiert deutlich näher.

Folgen Sie Ihrer Bestimmung

Für manche Menschen, vor allem für nüchterne, rationale, hört sich die Formulierung »seiner Bestimmung folgen« recht hochtrabend an. Dabei ist es längst kein Geheimnis mehr, dass es so viel entspannter und leichter ist, seine täglichen Aufgaben zu bewältigen, wenn man einen nachhaltigen Sinn erkennen kann in dem, was man tut, und das Gefühl hat, dass es dem großen Ganzen nützt. Ist man sich bewusst darüber, welcher Bestimmung man in seinem Leben folgen möchte, dann verhält man sich automatisch konsequenter, geht geiziger mit seiner Lebenszeit um und arbeitet zielfokussierter.

Saskia, die Assistentin der Geschäftsführung, wirkt so, als ob sie durch nichts aus der Ruhe zu bringen sei. Um ihren Schreibtisch tanzen täglich verschiedene Mitarbeiter mit diversen Anliegen wie ein aufgeregter Bienenschwarm. Einem nach dem anderen ist sie behilflich und schafft es trotzdem, alle Aufgaben für ihren Chef termingerecht zu bewältigen. Auf meine Frage, wie sie es nur hinbekommt, so ruhig und gelassen zu bleiben bei allem, was an sie herangetragen wird, hat sie mir Folgendes geantwortet: »Ach, wissen Sie, schon als Kind hatte ich den Wunsch, Menschen zu unterstützen. Der Beruf der Krankenschwester erschien mir sehr attraktiv, aber da ich kein Blut sehen kann, schied er für mich aus. Also habe ich mir eine andere Ausbildung gesucht, bei der man viel mit Menschen zusammen ist. Als Assistentin der Geschäftsführung habe ich Einblick in vieles, was in der Firma passiert, so dass ich auf die meisten der an mich herangetragenen Fragen eine Antwort weiß und bei manchem Problem behilflich sein kann. Das erfüllt mich mit großer Freude.«

Jemand, der sich zu seinem Job nicht berufen fühlt, würde wahrscheinlich einen Anfall bekommen, wenn täglich so viele Menschen mit ihren ständigen Fragen die eigentliche Arbeit behindern würden. Was ist Ihre Berufung? Sollten Sie sich bis jetzt noch nicht die Zeit genommen haben, darüber nachzudenken, wäre das hier und jetzt eine goldene Gelegenheit. Ein Mensch, der weiß, warum er etwas für wen macht, setzt durch diese positive Haltung Kräfte in Bewegung, die ihm praktisch zuarbeiten, damit er seine Mission erfüllen kann. Dann bieten sich auch mal aus dem Nichts kurzfristig andere Kollegen an, um ihm bei einer Terminsache schnell unter die Arme zu greifen. Wer seine Bestimmung im Leben kennt, wird weniger anfällig dafür sein, in einem Funktionsgefängnis zu landen.

Übrigens: Diejenigen, die ihre Bestimmung bis jetzt noch nicht gefunden haben, finden in meinem Buch ›Steh auf und nimm dein Leben in die Hand‹ viele Anregungen dazu, wie sie ihr auf die Spur kommen können.

Wer weiß schon, was wirklich stimmt?

In letzter Zeit gab es in den gängigen Zeitschriften immer wieder Artikel zu dem Thema, dass Erinnerungen trügerisch sind und man sich nicht blind auf sie verlassen sollte. Die Rechtspsychologin Julia Shaw etwa wies in einem Experiment an der Universität von British Columbia nach, dass man Erinnerungen manipulieren kann. Es gelang ihr ohne Schwierigkeit, junge Menschen davon zu überzeugen, ein Verbrechen begangen zu haben, das de facto nie verübt worden war. Dies führte dazu, dass die Probanden aus ihrer Erinnerung heraus die nicht stattgefundenen Begebenheiten mit großer Überzeugung in allen Details nacherzählten. Unzählige Male bekam ich in meiner Kindheit unfreiwillig mit, wie sich meine Familie wegen der richtigen Darstellung vergangener Lebensereignisse stritt. Nach diesen neuesten Erkenntnissen von Julia Shaw hätten sie sich all den Stress und Ärger, der damit einherging, sparen können. Bis zum Kontaktabbruch war es teilweise gekommen!

Die Vergangenheit ist vergangen – ob wir gute, weniger gute oder sogar schlechte Erinnerungen daran haben. Da die eigenen Erinnerungen anscheinend nicht so präzise arbeiten wie ein einwandfrei funktionierendes Schweizer Uhrwerk, darf die Frage erlaubt sein, ob man es sich nicht im Leben etwas einfacher machen könnte, indem man Teile seines Erinnerungsskriptes neu ausformuliert? Die schmerzhaften und schambesetzten Erinnerungen sind es oftmals, die Menschen in ein Funktionsgefängnis flüchten lassen. Kamen beispielsweise die Eltern in eine finanzielle Notlage, kann man davon ausgehen, dass die Kinder alles

Menschenmögliche daransetzen werden, um nie in so einer prekären Situation zu landen. Oft um den Preis der Überarbeitung und Überanstrengung. Da wäre es doch nicht verwerflich, wenn man im Nachhinein ein bisschen tricksen würde!

Wie wäre es beispielsweise, wenn man in seinem Erinnerungsfilm die Szenen, die stressbehaftet und sorgenvoll sind, modifizieren und schwächer gewichten würde? Und die positiven Kindheitserlebnisse, in denen man sich frei und unbeschwert gefühlt hat, heranzoomen? Filmcutter arbeiten im Übrigen nicht anders. Sie schneiden aus dem vorhandenen Drehmaterial die besten, spannendsten oder berührendsten Szenen so zusammen, dass daraus ein guter Film entsteht. Probieren Sie es einfach aus und bearbeiten Sie die schmerzhaften Erinnerungen mit einem Weichzeichner. Gestalten Sie sich Ihre Innenwelt so, wie sie Ihnen gefällt. Denn niemand außer Ihnen darf darüber bestimmen, was Sie denken und fühlen und woran Sie sich erinnern! Es ist Ihre Vergangenheit!

Nur der Vollständigkeit halber: Ja, ich kenne auch Menschen, die ihre Vergangenheit so extrem verändert haben, dass ein völlig anderer Mensch mit einer anderen Außenwirkung dabei herausgekommen ist. Diese Tricksereien und Verleugnungen meine ich nicht.

Trennen Sie sich von Menschen, die Ihnen schaden

Je mehr uns an harmonischen Beziehungen gelegen ist, desto größer ist unsere Toleranz- und Akzeptanzgrenze. Das macht es notorischen Energiesaugern leicht, sich an unserem Kraftreservoir zu bedienen. Heute bekam ich einen Anruf von Leonie, einer Unternehmerin, die sichtlich genervt von einer ihrer Mitarbeiterinnen ist. Diese junge Dame hat sehr wenig Gespür dafür, wo ihre Kompetenz und Zuständigkeit beginnt und wo sie aufhört. Sehr gerne schreibt sie ihrer Vorgesetzten Mails, in denen sie ihr aufzeigt, was als Nächstes zu tun ist. Da diese Art der Kontaktaufnahme überhandgenommen hat und die Mitarbeiterin, Lisa, auf Zurechtweisungen diesbezüglich so gar nicht reagierte, suchte Leonie meinen Rat. Sie hat Skrupel, sich die Übergriffigkeit zu verbitten oder Lisa gar vor die Tür zu setzen, weil ihr deren etwas verworrene und komplizierte Lebensumstände bekannt sind. Andererseits, so klagt sie, hält sie dieses impertinente Verhalten keinen Tag länger aus.

Könnte man eine Rechnung aufmachen, aus der hervorgeht, wie viel Energie und Zeit es einen kostet, sich mit solchen Menschen auseinanderzusetzen, wäre man bestimmt nicht mehr gewillt, diesen Preis weiter zu bezahlen. Spaßeshalber können wir gemeinsam so eine Tages-Musterrechnung für Lisas Chefin aufstellen:

Position 1: 15 Minuten überlegen und abwägen, wie sie die Mail an Lisa formuliert
Position 2: 5 Minuten, um die Mail zu schreiben

Position 3: 5 Minuten ärgern, als sie Lisa zufällig auf dem Flur trifft
Position 4: 15 Minuten Gespräch mit Manuela, die sich wegen einer Meinungsverschiedenheit mit ihrer Kollegin Lisa ausweint
Position 5: 120 Minuten, in denen Manuela danach unkonzentriert arbeitet
Position 6: 20 Minuten zusätzliches Gespräch mit Lisa wegen eines Konflikts mit Melanie
Position 7: 5 Minuten aufregen wegen drei neuer Mails von Lisa
Position 8: 5 Minuten überlegen, ob sie darauf antwortet oder nicht
Position 9: 15 Minuten, um eine wirklich gepfefferte Mail an Lisa auszuformulieren
Position 10: 60 Minuten länger arbeiten, um Aufgaben zu erledigen, die liegen geblieben sind
Position 11: 15 Minuten auf dem Nachhauseweg darüber nachdenken, welche Aufgaben sich leider trotzdem auf den nächsten Tag verschoben haben
Position 12: 20 Minuten nachts wachliegen, um zu überlegen, was denn jetzt am besten mit Lisa zu tun ist

Summa summarum hat Leonie, die Unternehmerin, an diesem Mustertag drei Stunden effektive Lebens- und Arbeitszeit verschenkt, in denen sie sich mit ihrer herausfordernden Mitarbeiterin beschäftigen musste. Zusätzlich hat ihr Unternehmen zwei Stunden konzentriertes Arbeiten durch die Gedankenblockade von Manuela verloren. Ein wirklich teurer Spaß, den Leonie sich da gönnt! Vielleicht konnte ich

Sie mit dieser kleinen Geschichte dazu inspirieren, zu gegebenem Anlass in einen ähnlichen Musterrechnungsprozess einzusteigen? Er würde Ihnen Ihre Energieräuber jedenfalls klar vor Augen führen.

Leonie hat sich nach unserem Gespräch ihrer Verantwortung gestellt und ihrer Mitarbeiterin ohne Rücksicht auf deren private Situation die Pistole auf die Brust gesetzt. Genau eine Chance, so hat sie ihr klargemacht, wird sie ihr noch geben, ihr übergriffiges, unangemessenes Verhalten zu korrigieren. Auch hat sie sie darüber aufgeklärt, dass sie bei Nichtbeachtung Konsequenzen ziehen wird. Leonie war bereit zum Kampf.

Was ist so schlimm daran, Macht zu haben?

Sie haben eben an Leonies Konflikt mit Lisa gesehen, welcher Schaden entstehen kann, wenn man das Werkzeug, über das man qua Position verfügt – etwa das Werkzeug Macht –, nicht nutzt. Jemand, der seine Führungsrolle voll ausfüllt, hätte sich den herrischen Ton, den Lisa in ihren Mails anschlug, bestimmt verbeten. Zu Recht!

Für diejenigen unter Ihnen, die sich bis heute noch nicht getraut haben, von diesem Durchsetzungswerkzeug Gebrauch zu machen, ist es vielleicht ein kleiner Trost zu lesen, dass Sie in bester Gesellschaft sind. Die wenigsten Teilnehmer meiner Trainingsmaßnahmen sind in der Lage, machtvoll zu handeln. Macht hat ein schlechtes Image. Man möchte nicht zu denen gehören, die sie ausnutzen oder gar missbrauchen. Lieber übt man sie erst gar nicht aus. Dabei sehnen sich Mitarbeiter danach, dass an der einen oder anderen Stelle im Unternehmen einmal machtvoll durchgegriffen wird und die Führungskraft unmissverständlich zeigt, wo's langgeht. Anders ausgedrückt: Wenn man in Afrika auf Safari geht und zur Sicherheit ein Betäubungsgewehr dabei hat, wäre es ziemlich ungeschickt, es nicht zu benutzen, wenn ein besonders schlecht gelauntes Nashorn angerannt kommt, um den Wagen zu attackieren. Da es im täglichen Zusammenleben glücklicherweise selten um Leben und Tod geht, verfällt man leicht dem Irrglauben, dass man renitente oder gar verhaltensgestörte Menschen allein mit sanftem Zureden zur Einsicht bewegen kann. Mitnichten! Ohne dass ich dazu eine Statistik gelesen habe, kann ich mir sehr gut vorstellen, dass sich viele im Funktionskäfig gefangene Menschen für den Weg des geringsten Widerstandes entschieden haben und ihre zugewiesenen Machtbefugnisse nicht nutzen. Dieser Eindruck drängt sich mir bei meinen erschöpften Klienten zumindest auf.

Unabhängig davon, ob Sie eine Führungsposition innehaben oder nicht, werden wir daher gemeinsam überlegen, was Sie bisher daran gehindert hat, machtvoll zu agieren. Könnte es sein, dass Sie folgende Glaubenssätze verinnerlicht haben?

- Menschen, die Macht ausüben, kann ich nicht ausstehen.
- Jemand, der mit seiner Macht spielt, ist kein Menschenfreund.
- An XY konnte man ja sehen, was passiert, wenn einer zu mächtig wird. Er hat seinen Charakter total verändert.

- Da, wo Macht herrscht, ist keine Liebe.
- Die Politik zeigt uns ja täglich, wohin der Missbrauch von Macht führen kann.
- Bevor ich meine Macht ausspiele, gehe ich lieber woandershin.

Dann ist es natürlich kein Wunder, dass Sie bis jetzt davor zurückgeschreckt sind, zu gegebener Zeit machtvoll aufzutreten. Macht ist aber nicht per se negativ! Aus diesem Grund gebe ich Ihnen nun ein paar Gedanken weiter, die Ihnen helfen könnten, ein gesundes Machtverhalten in Ihrer Innenwelt zu implementieren.

Als Erstes sollte man für schwierige Konfliktfälle die Einstellung parat haben: er oder ich. Dann natürlich lieber ich! Zusätzlich ist es hilfreich, machtgeladene Vokabeln wie entscheiden, fokussieren, leiten, führen, verantworten, konsequent sein, bestimmen in seinen Wortschatz zu integrieren, wenn Sie lernen wollen, sich abzugrenzen und durchzusetzen. Und dann sollten Sie die eben genannten Glaubenssätze durch andere ersetzen, zum Beispiel durch diese:

- Manchmal muss man seine Machtposition ausspielen, um Schlimmes zu verhindern.
- Wer Despoten keine machtvolle Haltung entgegensetzt, stärkt sie.
- Mitarbeiter wünschen sich konsequent handelnde Chefs.
- Wer deutlich macht, dass er die Richtung kennt, findet Menschen, die ihm folgen.
- Macht gepaart mit Ethik kann sehr viel Gutes bewirken.

Als der Ansturm der Flüchtlinge seinen Höhepunkt in Deutschland erreicht hatte, stand ich am Bahnsteig und wartete mit rund zweihundert Personen auf den verspäteten ICE aus München. Aus den Augenwinkeln sah ich, wie ein halbstarker arabisch aussehender Junge sich einen Spaß daraus machte, vom Bahnsteig aus in das Gleisbett zu steigen. Meine Vermutung war, dass er sich der Gefahr des einfahrenden Zuges nicht bewusst war und auch keine Kenntnis von der Sogwirkung besaß, die durch das Einfahren des Zugs erzeugt wird. Niemand auf dem Bahnsteig, leider auch nicht die zuständigen Bahnangestellten, hielt es für nötig einzugreifen. Also habe ich mich in seine Richtung bewegt und ihn mit lauter Stimme und eindeutigen Gesten angewiesen, sein Gehopse ins Gleisbett zu unterlassen. Natürlich spreche ich nicht fließend arabisch – eher gar nicht –, aber an meinem Ton, meinem scharfen Blick und meiner Gestik hatte er blitzschnell erkannt, dass es mir ernst war. Widerwillig gehorchte er, ließ es sich aber nicht nehmen, mir einen wütenden Blick zuzuwerfen. Frei nach dem Motto: »Keine Frau, und erst recht keine blonde, hat mir irgendwas zu sagen.«

Sie sehen an diesem Beispiel, dass »Macht ausüben« auch ganz schlicht bedeuten kann: »ein Machtwort sprechen« – übrigens oft in Verbindung mit der immer wieder eingeforderten und durchweg positiv besetzten Zivilcourage. Also: Trauen Sie sich zukünftig, machtvoll zu sein!

Das Leben ist zu kurz, um es aus der Hand zu geben

Manchmal bin ich regelrecht fassungslos, wenn ich sehe, wie viele Menschen das große Geschenk von Freiheit und Selbstbestimmung leichtfertig anderen überlassen haben. Denn ausnahmslos jeder, der in einem Funktionskäfig gelandet ist, hat die Zügel für sein Leben aus der Hand gegeben. Allein das zu realisieren ist schon ein wichtiger Schritt, um sich daraus befreien zu können. Nun müsste noch der gesunde Menschenverstand auf den Plan treten und dafür sorgen, dass im Inneren ein Schalter umgelegt wird und eine Stimme zu vernehmen ist, die laut und deutlich sagt: »Weißt du was, jetzt reicht es! Soll doch ein anderer hier permanent die Kohlen aus dem Feuer holen und sich die Finger verbrennen. Ich stehe ab heute für dieses Spiel nicht mehr zur Verfügung! Im Gegenteil. Mein Leben hat wieder den Stellenwert eingenommen, den es verdient!«

Meine Kundin Ute, eine Drehbuchautorin, hat vor ein paar Tagen genau diesen Schalter umgelegt. Nachdem sie mehr als ein Jahr lang die schlechte Arbeit des Koautors ausgeglichen hatte, war sie nicht mehr gewillt, mit ihm weiterzuarbeiten. Das ganze Team um die Produzenten herum verfiel nach Bekanntgabe dieser Nachricht zuerst in eine Art Schockstarre und dann in Panik, denn es sah ganz danach aus, als sei das Filmprojekt, an dem man bereits viele Monate gemeinsam gearbeitet hatte, zum Sterben verurteilt. Nicht verwunderlich war da natürlich, dass alle Beteiligten, nachdem sie sich vom ersten Schreck erholt hatten, wie Hyänen auf meine Kundin losgingen. Wie konnte sie nur so unkollegial sein und das ganze Projekt mit ihrer Entscheidung gefährden?

Da Ute gerade erst zaghaft damit begann, die Zügel für ihr Leben wieder in die Hand zu nehmen, waren ihre Gefühle natürlich gemischt. Auf der einen Seite fühlte sie sich befreit, auf der anderen Seite schlich ihr das schlechte Gewissen nach. Glücklicherweise hatte sie nicht vergessen, wie unkollegial sich einige Mitglieder und in der Hauptsache der Koautor im vergangenen Jahr ihr gegenüber benommen hatten. So hielt sie die Anfeindungen, Anflehungen und Besserungsbekundungen standhaft aus, und wie durch ein Wunder rissen sich alle so am Riemen, dass am Ende doch noch ein guter Film zustande kam.

Damit auch Sie es schaffen, wieder selbst Regie in Ihrem Leben zu führen, begleiten Sie mich nun in das nächste Kapitel, in dem ein ganzer Blumenstrauß an schnell und leicht umzusetzenden Techniken der Selbstbestimmung auf Sie wartet.

KAPITEL 7

Techniken, die Ihnen ein selbstbestimmtes Leben erleichtern

Vertrauen Sie sich selbst

Im Folgenden möchte ich Ihnen gern verschiedene Möglichkeiten vorstellen, wie es Ihnen gelingen kann, nachhaltig aus Ihrem Funktionsmodus bzw. -gefängnis auszusteigen. Da Sie mittlerweile bestimmt den Auslöser identifizieren konnten, der dafür verantwortlich war, dass Sie an einem bestimmten Punkt in Ihrem Leben beschlossen haben, lieber nur noch zu funktionieren, werden Sie keine Probleme damit haben zu entscheiden, welche Übungen für Sie passen und welche eher nicht.

Die erste Technik befasst sich mit der Fähigkeit, sich (wieder) selbst vertrauen zu können. Das Vertrauen in sich selbst ist quasi die Grundvoraussetzung für ein selbstbestimmtes Leben, denn wenn es Ihnen fehlt, sind Sie abhängig von der Meinung anderer und anfällig dafür, falschen Beratern zu folgen. Also starten wir damit genau jetzt.

ÜBUNG:

Notieren Sie bitte alle wichtigen und mittelwichtigen Entscheidungen, die Sie in Ihrem Leben getroffen haben und die sich am Schluss als positiv für Sie herausgestellt haben. Verfolgen Sie nun die Spur der positiven Endergebnisse und beantworten Sie nachfolgende Fragen:

- In welchen Situationen fühlten Sie sich in Ihrer Entscheidung von Anfang an sicher?
- Worauf haben Sie Ihre Entscheidung gegründet?
- Wenn Sie sich nicht sicher waren: Warum haben Sie sie trotzdem getroffen?
- In welchen Situationen haben Sie ganz furchtlos entschieden?
- Welches Bauchgefühl hatten Sie dabei?
- Welchen Einfluss hatten andere auf Ihre Entscheidung?
- Wie fühlt es sich für Sie an, wenn Ihr Vorhaben unumstößlich ist?
- Welche inneren Bilder haben Sie, wenn Sie wissen, dass die Entscheidung nun umgesetzt wird?
- Wann macht sich in Ihnen eine friedvolle Ruhe breit?

Dann notieren Sie die (hoffentlich wenigen) Entscheidungen, die zu einem für Sie negativen Ergebnis geführt haben. Und verfolgen auch deren Spur:

- Wie viele Meinungen haben Sie eingeholt?
- Auf welchen Rat haben Sie letztlich gehört?
- Welche innere Kraft war dabei Ihr größter Antreiber?
- Warum haben Sie nicht Ihrem gesunden Menschenverstand vertraut?
- Welches Bauchgefühl hatten Sie, als Sie die Entscheidung getroffen hatten?
- Hatten Sie bei Ihrer Entscheidung ein Ziel vor Augen?
- Wenn ja: welches?
- Wem wollten Sie mit Ihrer Entscheidung etwas beweisen?
- Sollte damit ein Schmerz aus Ihrer Welt verdrängt werden?
- Wenn ja: welcher?

Wenn Sie die vorangegangenen Fragen ehrlich beantworten, wird Ihnen sehr schnell klar, welchen Vorteil es hat, aus einer sicheren Haltung heraus Entscheidungen zu treffen. Klar wird auch, wer oder was Sie seinerzeit dazu verleitet hat, so zu entscheiden, wie Sie es getan haben, und warum – im negativen Fall – das Ergebnis Sie nicht zufriedenstellen konnte. Mit Sicherheit waren die dafür verantwortlichen Antreiber weder Ihre Intuition noch Ihr höheres Selbst. Ist aber auch gar nicht schlimm. Denn wie soll man den Unterschied von günstig und ungünstig überhaupt feststellen, wenn man keine negativen Erfahrungen sammelt?

Neulich traf ich einen Manager, der es sich zur Gewohnheit gemacht hatte, bei den unterschiedlichsten Themenstellungen verschiedene Berater zu konsultieren, um zu einer fundierten Entscheidung zu finden. In unserem Gespräch platzte es irgendwann aus ihm heraus: »Wissen Sie was, Frau Dreeßen? Die besten beruflichen Entscheidungen habe ich getroffen, wenn ich mich nur auf mein Bauchgefühl verlassen habe!« Wäre er nur weiterhin dabei geblieben. Stattdessen gab er in den letzten Jahren viel Geld für Consultants aus, die es leider oft nicht besser wussten als er selbst, und musste sich nun die Fähigkeit, sich selbst zu vertrauen, erst wieder aneignen.

Ist das überhaupt möglich? Ja, ist es! Machen Sie sich klar, dass alle Erfahrungen im Leben nur dazu da sind, aus ihnen zu lernen und besser zu werden. Dass also die sogenannten Niederlagen im Leben schmerzhaft sein mögen, aber nicht wirklich Niederlagen sind und Sie daher mit dem, was sich als Fehler herausgestellt hat, ruhig gnädiger und gütiger umgehen dürfen. Wie viele Fußballspieler wären noch auf dem Spielfeld, wenn sie bei jedem verschossenen Tor oder Elfmeter ihren Job an den Nagel gehängt hätten? Wenn sie nicht darauf vertraut hätten, dass es beim nächsten Spiel wieder besser für sie und ihr Team laufen wird? Wenn sie nicht einfach weitertrainiert und an ihren Defiziten gearbeitet hätten? Im Gegensatz zu einem Fußballspieler haben Sie Ihren Privattrainer immer dabei. Es ist Ihre Intuition. Beginnen Sie noch heute damit, ihr zu vertrauen.

Die Laudatio auf Ihr Leben

Damit Ihr Leben so gütig ist, Ihnen bei der Lösung Ihrer Themen und dem Ausstieg aus dem Funktionsgefängnis unter die Arme zu greifen, wäre es eine gute Idee, es einfach einmal wertzuschätzen. Das funktioniert übrigens nicht anders als mit Mitarbeitern oder Freunden. Derjenige, der sich ehrlich von Ihnen wertgeschätzt fühlt, ist immer gerne hilfsbereit. Nutzen Sie also die Gelegenheit und schreiben Sie eine Laudatio auf Ihr Leben. Stellen Sie sich bei dieser Technik Ihr Leben als eine Person vor, die ein Jubiläum hat. Damit Sie eine Idee davon bekommen, wie ich das meine, mache ich es Ihnen einmal beispielhaft vor:

Liebes Leben,
ich bin sehr dankbar dafür, was wir beide alles schon in den letzten Jahren zusammen erreicht haben. So haben wir es nach einer erfolgreich absolvierten Ausbildung geschafft, eine gute Position

in einem namhaften Unternehmen zu ergattern. Natürlich war das am Anfang kein Honigschlecken, aber irgendwie hattest du immer eine Idee für mich parat, wie ich meinen nächsten beruflichen Schritt gestalten könnte. Manchmal habe ich es vorgezogen, nicht auf dich zu hören. Entweder war ich abgelenkt, habe einem anderen mehr vertraut als dir oder war von meinem Stolz angetrieben, es ohne Austausch mit dir zu schaffen. Damit habe ich mir den einen oder anderen Dämpfer eingehandelt, aber letztendlich habe ich ja immer klein beigegeben und dir wieder vertraut. Wenn ich ganz ehrlich bin, gibt es auch niemanden, dem ich mehr vertrauen kann als dir. Warum? Weil du meine Schattenseiten und meine Sonnenseiten so annimmst, wie sie sind. Das macht noch nicht einmal mein Partner. Ohne dich bin ich nichts und mit dir bin ich alles! Danke für all das Vergangene und danke dafür, dass du mich weiterhin begleiten wirst.

Wenn Sie nun zu bedenken geben, dass es einfach ist, eine Laudatio zu schreiben, wenn man Erfolge in seinem Leben vorzuweisen hat, Ihnen aber beim besten Willen nicht einfallen möchte, was an Ihrem Leben toll sein soll, dann probieren Sie es auf diese Weise:

Liebes Leben,
ehrlich gesagt weiß ich gar nicht, was ich schreiben soll, denn mir fällt nichts, aber auch rein gar nichts ein, was du wohl Tolles geleistet haben könntest. Seit ich auf der Welt bin, hat sich niemand wirklich um mich gekümmert. Irgendwie bin ich zwar durchgekommen, aber gut fühlt sich anders an. Aber ich bin ja nicht so. Du bekommst eine zweite Chance. Ich schreibe dir jetzt einmal auf, was sich in meinem Leben zukünftig alles ereignen sollte. Ich

notiere auch gerne, was ich selbst dazu beitragen werde, um diese Ziele zu erreichen, und skizziere gleichzeitig, welchen Part du davon übernehmen kannst. Bist du bereit, dann lege ich jetzt los …

Sie können wahrscheinlich im Moment noch gar nicht ermessen, welche positive Wirkung ein solcher Brief an Ihr Leben erzielen kann. Sie werden es erst wissen, wenn Sie es ausprobieren. Sehr viele erfolgreiche Menschen haben sich diese Technik zu eigen gemacht, um immer besser darin zu werden, ihrem Leben zu vertrauen und erst gar nicht in Versuchung zu kommen, in einen Funktionsmodus umzuschalten.

Tun Sie so, als ob es kein Morgen gäbe

Als ich vor einigen Jahren in einer unglücklichen Lebensphase steckte, stellte mir ein Freund folgende Frage: »Diana, wenn du wüsstest, dass dein Leben morgen zu Ende ist, was würdest du jetzt anders machen?« Natürlich war die Frage rein hypothetisch, trotzdem kam ich durch sie sofort in das innere Bild, was ich in meiner momentanen Situation alles verpasste. Daher fiel mir auch gleich sehr viel ein, was ich ändern würde. Genau so erginge es bestimmt den Menschen, die sich bequem in einem Funktionsgefängnis eingerichtet haben. Wenn sie sich vorstellen würden, dass morgen alles zu Ende wäre, könnte dies durchaus der Startschuss dafür sein, hochmotiviert und mit Elan aus dem Gefängnis auszubrechen und endlich selbstbestimmt durchs Leben zu gehen. Auf keinen Fall sollte man so lange warten, bis man keine Chance mehr dazu bekommt, diesen Schritt zu vollziehen.

Meine Kundin Anita ist neulich mit Wucht so richtig tief in ihr Funktionsgefängnis, an dessen Gitterstäben sie bereits zu rütteln begonnen hatte, zurückgeschleudert worden. Sie bekam nach einer Untersuchung die schreckliche Auskunft, dass bei ihr Verdacht auf Brustkrebs besteht. Völlig verstört rief sie bei mir an und malte alle möglichen Horrorszenarien an die imaginäre Wandtafel. Auch wenn es sich zunächst »nur« um einen Verdacht handelte, wollte ich ihr verschiedene Lösungen anbieten, damit sich ihr in Panik befindlicher Verstand beruhigen konnte. Einmal für den Fall, dass sie sich zukünftig tatsächlich mit der Krankheit auseinandersetzen muss, einmal für den Fall, dass sich der Verdacht in Wohlgefallen auflöst. Wir sprachen also darüber, wie sie das für sie geeignete Krankenhaus ausfindig machen könnte, welche Alternativbehandlungen in Erwägung gezogen werden können, was bei einer Ernährungsumstellung zu beachten wäre, dass sie sich mit anderen Betroffenen austauschen könnte und so weiter. Natürlich war es alles andere als einfach, in dem Gespräch Anitas Fokus auf die bessere Möglichkeit zu lenken. Doch da sie schon seit längerer Zeit mit dem Gedanken spielte, sich nach einem neuen beruflichen Umfeld umzusehen, ließ sie sich auch auf diese Option ein. Kurzum: Nach einem zweistündigen Telefonat hatten wir so viele Denkanstöße entwickelt, dass sie die nächsten zwei Jahre damit beschäftigt sein wird, all das umzusetzen.

Die gute Nachricht ließ dann glücklicherweise nicht lange auf sich warten. Der Krebsverdacht entpuppte sich bei

Anita als eine harmlose Bindegewebeverhärtung im Brustgewebe. Durch den Schrecken wachgerüttelt, spann sie die Idee einer beruflichen Veränderung weiter und wagte den Sprung in eine andere Stadt und damit in ein neues Leben. So gelang ihr der spektakuläre Ausbruch aus ihrem Funktionsgefängnis. Sich einer niederschmetternden Nachricht so unerwartet gegenüberzusehen, lässt jeden Überlebensinstinkt sofort anspringen. Meine Bitte an Sie: Warten Sie nicht, bis Sie eine unangenehme Botschaft erhalten, sondern stellen Sie sich zwischendurch immer mal wieder die Frage: »Lebe ich heute so, dass ich erfüllt gehen könnte, wenn mein Leben morgen zu Ende wäre?« Wenn die Antwort Nein lautet, dann haben Sie nun richtig was zu tun!

Richten Sie Ihren persönlichen Schutzraum ein

Damit Sie zukünftig nicht mehr Gefahr laufen, sich von außen instrumentalisieren zu lassen, sollten Sie sich einen persönlichen inneren Schutzraum einrichten. Das Prinzip ist leicht umzusetzen: Bestimmen Sie für alle zu erledigenden Aufgaben ein konkretes Ziel und legen Sie fest, wie groß die Abweichung davon maximal sein darf. Je klarer Sie aus Ihrem Zielfokus heraus agieren, umso weniger werden Sie von außen manipuliert.

Es gibt keinen besseren Platz auf der Welt, um dies zu üben, als die Medina von Marrakesch. Für diejenigen, die noch nicht dort waren, beschreibe ich in kurzen Worten das sich dort täglich abspielende Szenario. Sie haben noch nicht einmal einen Fuß in Richtung Medina gesetzt, steht schon der erste Marokkaner neben Ihnen und möchte Sie in ein Restaurant zerren. Wenn das nicht fruchtet, übergibt er Sie, wie einen Staffelstab beim Hürdenlauf, an den nächsten Händler, der Ihnen den besten Gewürzladen im Basar zeigen möchte. Sollten Sie das erfolgreich verhindert haben, gehen Sie keine drei Meter weiter und der nächste Händler ist Ihnen auf den Fersen. Das Spiel geht durchgängig so weiter, bis es irgendeiner der umtriebigen Verkäufer endlich geschafft hat, Sie an einen Platz zu führen, den Sie zwar nicht sehen wollten, der Ihnen aber eine ordentliche Bezahlung wert sein muss.

Als ich vor einiger Zeit nach Marrakesch flog, war ich von einer Freundin über das Treiben dort schon vorgewarnt und so hatte ich meinen Schutzraum schon perfekt eingerichtet, bevor ich die Medina betrat. Mein Ehemann war der Meinung, dass ein solcher Schutzraum nicht nötig sei, was mir im Grunde ganz recht war, denn nun konnte ich direkt vor Ort prüfen, welcher Ansatz der zielführendere war. Und was soll ich Ihnen sagen? Mich haben ungefähr neunzig Prozent weniger Händler angesprochen als meinen Mann. Und wenn es doch einmal einer wagte, brauchte ich ihm nur einen durchsetzungsstarken, aber wohlwollenden Blick zuzuwerfen und er verschwand wieder in seinem Laden, ohne mich an den nächsten geschickten »Kollegen« weiterzureichen. Diesen Blick habe ich vor meinem Urlaub eingeübt. Ich habe mir vorgestellt, dass mich eine große Lichtwand umgibt, die von außen nicht zu durchdringen ist. Dieser innere Schutzraum wurde nun aktiviert, sobald ich mich in das bunte, hektische Treiben stürzte.

Bei meinem Mann sah das ganz anders aus. Er erweckte den Anschein, als sei auf seinem Pullover Honig verschmiert, denn die Händler umwarben ihn wie Bienen einen Zwetschgenkuchen im Sommergarten. Anfangs ließ er sich davon nicht allzu sehr beeindrucken, sondern schaute sich weiterhin mit großem Interesse die Auslagen der Läden an. Die Händler hatten natürlich Lunte gerochen und es schien sich wie ein Lauffeuer durch die Gänge des Basars zu verbreiten, dass ein leichtes Opfer gerade dabei ist, sich tiefer und tiefer in die fremdartige Welt zu graben. Irgendwann liefen diese Kerle, perfekt in deutscher Sprache parlierend, neben ihm her und ich konnte es mir nicht verkneifen, ihm mit gebührendem Sicherheitsabstand zuzurufen, dass er wohl neue Freunde gewonnen habe.

Bis dahin hatte meine Methode sehr gut funktioniert, dann machte ich einen Fehler. Aus dem Gefühl heraus, meinen Mann nicht allein seinem Schicksal überlassen zu dürfen, folgte ich ihm und seinem sehr gewieften, selbsternannten Tourguide, der uns den Weg in einen Bereich der Medina zeigte, der im Reiseführer als einer derjenigen aufgeführt wurde, der besser zu meiden sei. Leider haben wir das erst im Nachhinein gelesen. Egal. Irgendwie und irgendwann haben wir auch wieder herausgefunden.

In jedem Fall hat sich meine Schutzraumtechnik bewährt und ich bin davon überzeugt, dass sie überall auf der Welt und in Ihrem Leben angewendet werden kann. Hier noch einmal das Geheimrezept:

- Legen Sie den Fokus auf Ihr Ziel und bleiben Sie dabei.
- Legen Sie den Grad der möglichen Abweichung fest.

- Bestimmen Sie, welche Impulse von außen Sie aufgreifen möchten.
- Prüfen Sie, ob sie Sie Ihrem Ziel wirklich näher bringen.
- Lassen Sie sich Zeit mit Ihren Entscheidungen und vermeiden Sie es, aus dem Affekt zu handeln.
- Stellen Sie sich vor, dass Sie nur sichtbar sind für die Menschen, für die Sie sichtbar sein möchten.

Probieren Sie es aus. Es wird auch sehr gut bei Ihnen funktionieren und Sie eliminieren damit die Gefahr, von außen gesteuert zu werden.

Sprechen Sie in zukünftigen Bildern

Neulich bekam ich Besuch von einer Freundin und ihrem vierjährigen Sohn, der sich standhaft weigerte, sich von seinen Windeln zu trennen. Alle Methoden und Tricks, die Karin bis jetzt angewandt hatte, um Niklas umzustimmen, sind im Sande verlaufen. Irgendwann sagte ich zu ihm, dass ich fest davon überzeugt sei, dass er demnächst keine Windeln mehr tragen wird, da er ja schon groß sei. Außerdem habe sich das bei allen Menschen ganz automatisch über Nacht so eingespielt, er könne das also ganz locker sehen. Er schaute mich mit großen Augen an, nickte und rannte dann wieder los zum Spielen.

Ein wesentlicher Teil meiner Arbeit besteht darin, Menschen dabei zu unterstützen, in positiven Bildern so über ihre Zukunft zu sprechen, dass genau diese Umstände eintreffen. Dass Worte eine magische Wirkung haben können, dürfte mittlerweile jedem bekannt sein. Unser Unterbewusstsein bedient sich unserer Sprache und unserer Emotionen, um zukünftige Ereignisse anzuziehen. Aus diesem Grund erstaunt es nicht, dass Menschen, die zur Schwarzmalerei neigen, schnell in einem Funktionskäfig landen. Warum? Weil sie durch ihre sich selbst erfüllende Prophezeiung viele ungünstige Umstände in ihr Leben ziehen, die alle irgendwie bewältigt werden müssen.

Gerne stelle ich Ihnen ein paar von diesen negativen Formulierungen vor:

- Puh, ich bin nur im Stress.
- Du glaubst nicht, was ich noch alles erledigen muss.
- Ein Ende ist überhaupt nicht abzusehen.
- Ob ich das wohl noch einmal in diesem Leben hinbekomme, einfach auf dem Sofa zu liegen und nichts zu tun?
- Für das nächste Jahr habe ich schon so viele neue Aufträge angenommen, dass ich nur bei dem Gedanken daran k.o. bin.
- Wenn nicht ein Wunder geschieht, schaffen wir unsere Arbeit nicht.
- Bitte ruf mich auf keinen Fall an, bei mir geht gerade gar nichts.

Wenn diese exemplarisch ausgewählten Sätze zu oft fallen und mit einem Gefühl des Abgehetztseins einhergehen, beginnt sich das Funktionskarussell schneller und schneller zu drehen. Selbst wenn man weiß, dass ein ganzer Berg Arbeit vor einem liegt, gibt es genug Formulierungen, die diese Tatsache positiv und lösungsorientiert beschreiben, ohne sie auszuklammern. Auch hierfür gebe ich Ihnen gerne einige Beispiele:

- Das wird zwar richtig sportlich, was wir uns bis Jahresende vorgenommen haben, aber bis jetzt haben wir immer alles gut hinbekommen.
- Interessanterweise habe ich festgestellt, dass die Aufgaben, die ich zu erledigen habe, umso schneller abgearbeitet sind, je lockerer und entspannter ich sie angehe.
- Ach, es wird alles nicht so heiß gegessen, wie es gekocht wird.
- Es findet sich immer eine Lösung.
- Ich freue mich auf meine vielen Projekte nächstes Jahr und darauf, neue Leute kennenzulernen.
- Irgendwie schaffe ich immer alles, was auf meiner Agenda steht.

Aus meiner Erfahrung kann ich Ihnen berichten, dass die Welt um einiges einfacher und schöner wird, wenn man sich einer positiven und aufbauenden Sprache bedient. Je mehr man sich dieser Angelegenheit verschreibt, desto selbstbestimmter wird das eigene Leben. Man redet sich nämlich die guten Gelegenheiten und die Entspannung regelrecht herbei. Es kostet nichts und macht durch das ständige Üben immer mehr Spaß.

Ach, übrigens: Fünf Tage, nachdem Niklas und ich darüber gesprochen hatten, gehörte das Windelthema endgültig der Vergangenheit an.

Vergleichen war gestern

Etliche meiner Kundinnen sind in einem Funktionskäfig gelandet, weil sie sich irgendwann angewöhnt haben, sich mit anderen zu vergleichen. Schon junge Mädchen tappen in diese unheilvolle Falle. Meine zehnjährige Nichte saß neulich bei mir auf dem Sofa und beklagte sich darüber, dass ihre Oberschenkel zu dick seien. Sie hat wirklich eine völlig normale Figur, aber viele ihrer Mitschülerinnen sind eben spindeldürr. Sie ernähren sich entweder fast nur von Salat oder sind eben von Haus aus so veranlagt.

Ich gebe zu: Wir neigen zu Vergleichen – zum Teil in Bezug auf unser Aussehen, mit Sicherheit aber in Bezug auf unsere persönlichen und beruflichen Erfolge. Hier ist jedoch Vorsicht geboten, denn zu nahezu jedem Erfolg führte ein steiniger Weg. Den sehen wir aber nicht, und ob ihn jeder von uns hätte gehen wollen, sei einmal dahingestellt. Irgendwie glauben wir immer, wir seien die Einzigen, die sich so abmühen müssen, um zu einem einigermaßen brauchbaren Ergebnis zu kommen, während alle anderen das doch locker-flockig hinbekommen. Dem ist aber nicht so. Sehr oft werde ich gefragt, ob ich meine Bücher wirklich selber schreibe. Es sei doch viel weniger anstrengend, sie von jemandem schreiben zu lassen. Andere in meiner Branche würden das doch auch so handhaben. Stimmt!, antworte ich dann, aber diese Anstrengung nehme ich gern in Kauf, denn schon beim ersten Satz habe ich das Gefühl, mit meinen Lesern in Kontakt zu sein. Dieses Gefühl möchte ich nicht missen. Nur so kann ich authentisch sein.

Anders verhält es sich, wenn man sich etwa an einem

beruflichen Vorbild orientiert. Jeder Mensch braucht eine Messlatte, die ihm Ansporn sein kann, ein bestimmtes Ziel zu erreichen. Das hat mit plumpem Kopieren nichts zu tun. Das gesunde Maß überschritten ist allerdings dann, wenn man vor lauter Vergleichen sich selbst verliert.

Um herauszufinden, ob Sie sich schon in einer Vergleichsfalle oder -schleife verheddert haben, die Sie daran hindert, gelassen Ihren eigenen Weg zu gehen, empfehle ich Ihnen folgende

ÜBUNG:

Unterteilen Sie einen DIN-A4-Bogen im Querformat in vier Spalten. Über die erste Spalte schreiben Sie: *Meine Vorbilder*, über die zweite: *An diesen Personen messe ich meine Leistung*, über die dritte: *So will ich auf keinen Fall sein* und über die vierte: *So bin ich*.

Nun schreiben Sie munter in den jeweiligen Spalten drauflos, was Ihnen zu jeder Überschrift einfällt. Wenn Sie Ihre Auflistung beendet haben, lesen Sie sich alles Geschriebene noch einmal ganz in Ruhe durch. Wenn Ihnen dabei auffällt, dass Sie sich unbewusst an Menschen messen, die in Wahrheit keine oder wenig Bedeutung in Ihrem Leben haben, dann treffen Sie die Entscheidung, sich mit diesen auch nicht mehr zu vergleichen. Schauen Sie sich von Ihren Vorbildern nur das ab, was auch in Ihren persönlichen Möglichkeiten liegt, und vor allem: was zu Ihnen passt. Alles andere erzeugt Stress. So wie Sie sein wollen, so werden Sie sich ab heute verhalten, und so wie Sie auf keinem Fall mehr sein möchten, das bearbeiten wir mit der nächsten Technik.

Ich bin so, wie ich bin

Eine meiner Lieblingssängerinnen, Ina Müller, hat gerade ein neues Album mit dem Titelsong ›Ich bin die‹ herausgebracht. Dort besingt sie in zauberhafter Weise ihre negativen beziehungsweise anstrengenden Eigenschaften. Sie beschreibt sich als ungeduldig, viel zu schnell, zu laut und oft auch unpünktlich, outet sich als schlechte Zuhörerin bei Themen, die sie nicht interessieren, und als ebenso schlechte Verliererin.

Keine Angst, Sie müssen kein Lied über Ihre weniger schönen, anstrengenden, nervigen Eigenschaften verfassen, wenn Sie partout nicht wollen. Ihnen kreativ oder humorvoll zu begegnen, hat allerdings eine große Heilwirkung. Die entspannte und etwas amüsierte Sicht auf seine kleinen Schwachstellen nimmt der eigenen Bewertungshaltung die Strenge, die oft nur der Auslöser für zusätzlichen Stress ist. Je lockerer wir mit uns selbst umgehen, desto gelassener und wohlwollender blicken wir auch auf andere Menschen. Das eine hängt mit dem anderen eng zusammen. Sollte es also in Ihrem Leben Menschen geben, die es sich zur Gewohnheit gemacht haben, alles und jeden zu kritisieren, wissen Sie nun, welches Problem diese Personen wirklich haben: Sie kritisieren am Ende nur sich selbst!

Damit Sie zu einem gelasseneren Umgang mit sich selbst und mit anderen finden, werden wir nun den Faktor der Selbstkritik ein wenig aushebeln und zu diesem Zweck Ihre kreative Seite ansprechen. Malen Sie doch einmal ein Bild von Ihren nicht so bezaubernden Verhaltensweisen, bringen Sie sie in gereimter Form zu Papier oder komponieren Sie einen Rap. Letzteres musste ich einmal mit meiner Ausbildungsgruppe tun, und obwohl ich über keinerlei musische Talente verfüge, hat es wirklich Spaß gemacht. Lassen Sie also Ihrer Fantasie freien Lauf, meinetwegen tanzen Sie auch zu Ihren nervigen Eigenschaften. Hauptsache, Ihre Einstellung zu sich und den angeblichen Schattenseiten wird entspannter und lockerer. Drehen Sie Ihren Anforderungsknopf, der Ihnen vorgibt, dass Sie so und so sein müssen, um wem auch immer zu gefallen, auf zero. Irgendwann können Sie nicht mehr anders, als wohlwollend und augenzwinkernd auf sich zu schauen. Und das ist gut so!

Stärken Sie Ihre seelische Immunkraft

Gerade in der beginnenden kalten Jahreszeit werden wir mit Vorschlägen bombardiert, wie wir unsere körperliche Immunkraft stärken können. Es werden Impfungen gegen Grippe empfohlen und hochdosierte Vitamin-C-Tabletten in der Familienpackung angeboten; wir sollen darauf achten, genug Selen, Zink, Eisen und Vitamin D intus zu haben, und ausgiebige Spaziergänge an der frischen Luft machen, damit sich Grippeviren erst gar nicht bei uns wohlfühlen. Wie aber sorgen wir dafür, dass wir über genügend seelische Immunkraft verfügen? Würde man sich dafür ein Rezept ausstellen lassen, dann würde das Medikament in jedem Fall über Inhaltsstoffe verfügen, die auf diesen Komponenten beruhen:

- Sie lieben sich so, wie Sie sind.
- Sie achten darauf, dass Sie genügend Zeit zum Tagträumen haben.
- Sie beschäftigen sich hauptsächlich mit Tätigkeiten, die Sie lieben.
- Sie verbringen Zeit mit Menschen, die Ihnen guttun und denen Sie Freude bringen.
- Sie lassen fünf auch mal gerade sein.
- Sie bleiben spontan und neugierig.
- Sie machen das, was Sie schon immer einmal machen wollten.
- Sie reisen an Orte, die Ihnen Kraft schenken.
- Sie sperren potenzielle Stressquellen aus Ihrem Leben aus.
- Sie sind konsequent und durchsetzungsstark, wenn es darauf ankommt.
- Sie nutzen Ihre technischen Geräte nur dann, wenn Sie sie wirklich benötigen.
- Sie nehmen sich Zeit für Ihre Hobbys.
- Sie sprechen positiv über sich und andere Menschen.
- Sie verbringen viel Zeit in der Natur.
- Sie entdecken gern Neues.

Dieses Medikament können Sie sich selbst zusammenmixen. Der Einzige, der immer wieder versuchen wird, Sie an der Einnahme zu hindern, ist Ihr Verstand. Wir haben im zweiten Kapitel schon davon gehört, wie oft sich dieser superschlaue Geselle in unserer Innenwelt durchsetzt. Deswegen werden wir ihn jetzt noch ein bisschen quälen.

Zirkeltraining für Ihren Verstand

Die Arbeit am eigenen Verstand ist wohl die größte Herausforderung für jeden, der mit einem Befreiungsschlag seinen Funktionskäfig hinter sich lassen möchte, denn natürlich gibt er seine Vorherrschaft in der Innenwelt nicht freiwillig auf. Keiner, dessen Kraftquelle darin besteht, Menschen klein und gefügig zu halten, würde das tun. Also müssen wir diesem Gesellen mit ein paar Tricks zu Leibe rücken. Zum Beispiel, indem wir ihm ein sportliches Zirkeltraining ankündigen. In sieben aufeinanderfolgenden Schritten werden wir nun dem Verstand ein bisschen einheizen, damit er uns nicht weiter bei unseren Ausbruchsaktivitäten blockiert, sondern vielmehr unterstützt.

Zirkelstation Nummer eins befasst sich mit dem Thema *Akzeptanz*. An dieser Trainingsstation werden Sie mit lauter Stimme aufzählen, was in Ihrem Leben Sie akzeptieren. Dabei sollte Ihre Aufmerksamkeit nicht nur auf den Begebenheiten und Umständen liegen, die Sie leichten Herzens bejahen können. Im Gegenteil, genau die Situationen, über die Sie am liebsten Stillschweigen bewahren würden, weil Sie sie als unangenehm oder schambesetzt in Ihrer Erinnerung abgespeichert haben, sind die Kandidaten, die es zu akzeptieren gilt. Gerne demonstriere ich Ihnen am Beispiel der unangenehmen Erinnerungen, wie sich eine solche Aufzählung anhören könnte: »Ich, Sonja, akzeptiere, dass ich vor vielen Jahren die Entscheidung getroffen habe, meinen damaligen Mann Jens zu heiraten. Ferner akzeptiere ich, dass ich genauso wie Jens dazu beigetragen habe, dass unsere Ehe so geendet ist, wie sie eben geendet ist: im Streit und mit der ganzen Palette gegenseitiger Verletzungen. Ich akzeptiere meinen Anteil am Scheitern unserer Ehe.« So oder so ähnlich könnten Sie an der Zirkelstation Nummer eins vorgehen. Indem Sie die Mitverantwortung für alle vergangenen Erlebnisse und Ereignisse übernehmen und akzeptieren, entziehen Sie dem Verstand Macht, denn wer nichts mehr vertuschen muss, ist auch nicht mehr erpressbar und steuerbar. Auch nicht vom eigenen Verstand!

An der zweiten Zirkelstation beschäftigen wir uns noch ein bisschen stärker mit der *Eigenverantwortung*. Dafür notieren Sie sich, mit welchen Personen Sie noch eine Rechnung offen zu haben glauben und denen Sie nicht verzeihen wollen, weil Sie der Überzeugung sind, sie hätten Ihnen ein Unrecht angetan. Stehen alle in Frage kommenden Namen auf dem Papier, gehen Sie in Gedanken jede einzelne Person mit dem dazugehörigen Erlebnis durch und stellen sich die Frage, warum Sie in diese Situation hineingeraten sind. Ich bin mir zu hundert Prozent sicher, dass Sie sich bei jedem notierten Fall daran erinnern, welchen Beitrag Sie selbst dazu geleistet haben. (Es zählen hier alle Erlebnisse, die Sie ab dem Alter von vierzehn Jahren gehabt haben.)

Die nächste Station des Trainings für den Verstand befasst sich mit dem Thema *Selbstregulation*. Bei dieser Übung gilt es, das richtige Maß zu finden. Mit Sicherheit fallen Ihnen spontan einige Beispiele ein, bei denen Sie im täglichen Leben ein Zuviel an den Tag legen, und natürlich auch welche, bei denen es eher ein Zuwenig ist. Als ein Zuviel könnte beispielsweise Ihre Verweildauer in den sozialen Medien gelten. Sportliche Betätigung an der frischen Luft könnte dagegen in die Rubrik Zuwenig fallen. Versuchen Sie nun sich vorzustellen, wie Sie vor einem Mischpult sitzen und die Regler der jeweiligen Themen in die ausbalancierte Mitte bewegen. Erspüren Sie, wie sie sich anfühlt, und setzen Sie jedes Mal, wenn Sie Ihr Zirkeltraining absolvieren, ein anderes Thema in den Fokus.

Bei Zirkeltrainingspunkt Nummer vier geht es um das Thema *Lösungsorientierung*. An dieser Station notieren Sie sich fünf abzuarbeitende Punkte, die in Ihrem Leben gerade ins Stocken geraten sind oder bei denen Sie mit Ihren Ideen nicht recht weiterkommen. Gehen Sie nun Schritt für Schritt die einzelnen Punkte durch und überlegen Sie, wer Ihnen dabei helfen könnte, zu einer Lösung zu kommen, damit sie endlich von Ihrer täglichen Agenda verschwinden. Vielleicht Freunde? Oder Kollegen, die Ihnen besonders zugewandt sind? Je mehr offene Baustellen man auf seiner To-do-Liste vorfindet, desto größer ist die Gefahr, dass man in den Funktionsmodus abgleitet. Mal unter uns: Wenn Ihr Verstand demonstrieren möchte, wie schlau er wirklich ist, macht er ja vielleicht selbst einen Lösungsvorschlag.

Bei der Zirkelstation Nummer fünf setzen wir für Ihren Verstand noch eine Schippe drauf! Im Schnelldurchlauf soll er Ihnen wie auf Knopfdruck die zehn wichtigsten Komponenten Ihrer *Zukunftsgestaltung* vortragen. Wehe, wenn er das nicht schafft! Dann wäre es jetzt an der Zeit, ein ernsthaftes Gespräch mit Ihrem neunmalklugen Mitbewohner in Ihrer Innenwelt zu führen. Die positive Zukunftsgestaltung ist per se ein wichtiges Instrument, um aus dem Funktionsgefängnis auszusteigen. Wer keine kühnen und großen Träume für seine Zukunft entwickeln kann, dem wird es schwerfallen, das Funktionieren sein zu lassen.

Die vorletzte Station in unserem Zirkeltraining befasst sich mit dem Thema *Optimismus*. Wer optimistisch und lösungsfokussiert in seine Zukunft blickt, dem fällt es leichter, sich von alten, selbst angelegten Fußfesseln zu befreien. Nutzen Sie Ihre Kreativität und Improvisationsfähigkeit und notieren Sie zu jedem von Ihnen gesteckten Ziel, wie Sie es erreichen könnten. Das hilft Ihnen dabei, Ihre innere Stärke wiederzugewinnen und der Herr / die Frau im eigenen Haus zu sein.

Kommen wir nun zu der siebten und letzten Zirkelstation. Hier geht es um Ihre *guten Beziehungen*. Fordern Sie Ihren Verstand dazu auf, sich zu überlegen, was Sie tun können, um alte, versandete Kontakte zu reanimieren. Denn eins ist logisch: Ein Mensch, der im Funktionsgefängnis gelandet ist, hat automatisch seine guten Beziehungen vernachlässigt. Diese benötigt man aber, um sich in seiner ausbalancierten neuen Welt zufrieden und erfolgreich zu bewegen. Wir sprachen weiter vorn beim Thema Delegieren schon einmal davon, wie wertvoll es ist, wenn man Kontakt zu Menschen hat, die gerne Arbeiten erledigen, die einem selbst nicht wirklich liegen. Lassen Sie also Ihre Kontakte nicht brachliegen. Ganz abgesehen davon, dass es manchmal ganz schön fad sein kann, allein durchs Leben zu gehen.

Wenn Sie dieses ziemlich umfangreiche Zirkeltraining absolviert haben, werden Sie sehr schnell in Ihre ausbalancierte Mitte kommen, da Ihr Verstand nun mit anderem beschäftigt ist. Um einen nachhaltigen Erfolg zu generieren, sollten Sie es nach Möglichkeit einmal im Monat durchführen. Gern auch öfter! Dann klappt es auch schneller mit dem Ausbruch aus Ihrem Funktionsgefängnis.

KAPITEL 8

Alles eine Typfrage

Welcher Motivationstyp sind Sie?

Wie wir in den vergangenen Kapiteln gesehen haben, können die unterschiedlichsten Gründe dafür verantwortlich sein, dass man früher oder später in einem Funktionsgefängnis landet: familiäre Schwüre, negative Glaubenssätze, ungünstige innere Programmierungen. Unabhängig davon bringt aber auch jeder von uns seine ganz eigene Mentalität mit, ein sonniges oder ein eher skeptisches Gemüt, das ihm in die Wiege gelegt wurde und das ihn grundsätzlich ausmacht. Wir sind in einer bestimmten Weise »gestrickt«. Vor diesem Hintergrund ist es klar, dass nicht jede der im letzten Kapitel genannten Techniken für alle Typen gleich gut geeignet ist, wenn es darum geht, sich aus dem Gefängnis zu befreien. Was tun?

Damit ich in Firmen effektiv arbeiten kann und möglichst schnell zu griffigen Ergebnissen komme, habe ich mir ganz am Anfang meiner beruflichen Selbstständigkeit mehrere Schemata zurechtgeschnitten, die es mir erleichtern, Menschen zu »lesen«. Aus diesem Fundus werde ich Ihnen in diesem Kapitel einen Ausschnitt präsentieren, damit es Ihnen zukünftig besser gelingt, sich in andere Menschen hineinzuversetzen und ihre Taktik zu durchschauen. Je versierter Sie darin werden, desto weniger laufen Sie Gefahr, sich selbst und Ihre eigenen Interessen aus dem Auge zu verlieren.

Viel zu oft reagieren wir in unserem täglichen Tun anderen gegenüber mit Unverständnis oder gar Verachtung, weil wir keine Ahnung davon haben, wie sie ticken. Eine gängige Beziehungstheorie besagt, dass Paare, die viele Gemeinsamkeiten aufweisen, länger zusammenbleiben. Oder anders ausgedrückt: die in vielen Bereichen im Gleichklang schwingen. Das kann ich mir auch sehr gut vorstellen. Am meisten profitieren und lernen wir allerdings von Menschen, die so ganz anders gestrickt sind als wir selbst. Warum? Weil der Umgang mit ihnen oft viel Fingerspitzengefühl verlangt und uns daher in besonderer Weise fordert und weil wir durch sie mit Denk- und Handlungsmustern konfrontiert werden, auf die wir selbst nicht gekommen wären, die uns aber vielleicht weiterbringen. Leider erkennen wir diese Chance oft nicht und lassen sie daher ungenutzt verstreichen. Oder, schlimmer, wir erkennen sie und gehen trotzdem den vermeintlich einfacheren Weg. Sich mit Menschen zu umgeben, die auf unserer Wellenlänge liegen, kostet jedenfalls deutlich weniger Nerven.

Eine meiner Hauptaufgaben in Unternehmen besteht mittlerweile darin, Konflikte zwischen Menschen beizulegen, die einander nicht »riechen« können und alles daransetzen, dem jeweils anderen das Leben zur Hölle zu machen. Wie sich jeder ausmalen kann, wirkt sich so ein Verhalten nicht gerade positiv auf die Bereitschaft aus, an einem Strang zu ziehen, und dies wiederum beeinflusst nicht nur den Teamfrieden, sondern die Unternehmensergebnisse insgesamt. Das bedeutet: Wenn man das Anderssein von Kollegen oder Mitarbeitern nicht akzeptieren kann oder gar bekämpfen will, muss man einige sehr unschöne Begleiterscheinungen in Kauf nehmen, etwa Zwietracht, Intrigen und auch Burn-out. In so einem Klima bleibt es nicht aus, dass der eine oder andere in den Funktionsmodus abgleitet und schneller, als ihm lieb ist, in einem Funktionsgefängnis landet.

Aber alles schön der Reihe nach. Jetzt stelle ich Ihnen erst mal einen kleinen Quicktest zur Verfügung, mit dessen Hilfe Sie sich selbst erkennen und einem bestimmten Persönlichkeitstyp zuordnen können.

Schnelltest zur Typbestimmung

Der Einfachheit halber habe ich mich bei diesem Test auf fünf Grundtypen beschränkt: den Machttyp, den Ordnungstyp, den Beziehungstyp, den Kreativen und den Leistungstyp. Wenn Ihnen diese Zuordnung im Folgenden ein wenig schematisch oder gar klischeehaft erscheint, liegt das daran, dass die wenigsten Menschen alle Eigenschaften, die ich im Zusammenhang mit den jeweiligen Typen gleich aufzählen werde, in sich vereinen. Vielmehr tragen sie in der Regel auch noch alle möglichen Unter- und Mischformen zu einem kleineren Anteil in sich. Dennoch wollen wir uns im Moment darauf konzentrieren herauszufinden, welcher Typus in Ihnen den dominanten Anteil ausmacht. Dieser wird nämlich von Ihren Werten gesteuert, so dass Sie in stressigen Zeiten Ihr Verhalten auf ihn reduzieren. Für Differenzierungen ist da kein Platz mehr. Das ist wichtig zu wissen, denn es erklärt, warum Sie so ticken, wie Sie ticken. Nach der Lektüre des achten Kapitels werden Sie sich noch besser verstehen – aber auch die Menschen in Ihrem persönlichen Umfeld.

Jetzt spanne ich Sie nicht länger auf die Folter, sondern lasse Sie einfach einmal durch den Quicktest laufen. Dafür müssen Sie nichts anderes tun, als die auf Sie zutreffenden Aussagen zu markieren. Spontan, ohne groß darüber nachzudenken oder abzuwägen. Und los geht es:

1. Ich kann mich ganz schnell in andere Menschen hineinversetzen (C)
2. Für mich ist die Abwechslung bei der Arbeit ein wichtiger Faktor (D)
3. Mir geht nichts schnell genug (E)
4. Bei allem, was ich tue, habe ich immer den Blick auf das Ergebnis (E)
5. Mir ist Harmonie im Team sehr wichtig (C)
6. Ich weiche keinem Konflikt aus (A)
7. Am liebsten arbeite ich sehr präzise und detailverliebt (B)
8. Meine Kreativität muss ich permanent ausleben (D)
9. Ich gelte als sehr verlässlich (B)
10. Viele behaupten, ich sei zu sachlich (B)
11. Wenn mir einer blöd kommt, setze ich sofort eine Grenze (A)
12. Ich hasse es, wenn andere bei dem, was sie sagen wollen, nicht auf den Punkt kommen (E)
13. Am liebsten reise ich in Länder, die der klassische Tourismus noch nicht entdeckt hat (D)
14. Gerne helfe ich Kollegen bei der Arbeit (C)
15. Je mehr Struktur vorhanden ist, umso besser (B)

16. Wenn etwas nicht perfekt ist, ist es nicht gut (E)
17. Da, wo ich bin, ist vorne (A)
18. Ich lasse mich von niemandem aufhalten (A)
19. Pünktlichkeit gehört zum guten Stil (B)
20. Ich werde oft bei Streitigkeiten gerufen, da ich gut ausgleichen kann (C)
21. Ideen gehen mir nie aus (D)
22. Umwege zu gehen ist für mich ein Gräuel (E)
23. Unordnung kann ich nicht ertragen, daher ist es in meiner Wohnung immer aufgeräumt (B)
24. Mir ist egal, was andere von mir denken (D)
25. Effizienz und Schnelligkeit sind mein Gemüse (E)
26. Ich bin Tag und Nacht für meine Freunde erreichbar (C)
27. Ich weiß, dass ich der/die Beste bin (A)
28. Ich bin gut im Loslassen (D)
29. Gerechtigkeit ist mir ganz wichtig (C)
30. Wer gut vorbereitet ist, hat sein Ziel fast schon erreicht (B)
31. Einer muss ja den Überblick haben (E)
32. Wenn ich nicht manchmal dazwischenfunke, geht gar nichts (A)
33. Ich weiß immer, wo ich hinwill (A)
34. Viele Kollegen und Freunde vertrauen mir (D)
35. Ich liebe alles, was neu am Markt ist (D)
36. Kontrolle ist ein wichtiger Erfolgsfaktor (B)
37. Wer nicht alles gibt, hat hier nichts verloren (A)
38. Ich kenne die Lebensumstände vieler Menschen sehr genau (C)
39. Ich gelte als sehr mutig (D)
40. Zuhören ist meine große Stärke (C)

41. Wenn mir etwas nicht passt, gehe ich (A)
42. Wenn eine Etappe erreicht ist, eile ich zur nächsten (E)
43. Ich kann schlecht mit Menschen, die ständig eine neue Idee haben (B)
44. Ich liebe es, andere Menschen zu fördern und mich für sie einzusetzen (C)
45. Ich sehe mein Ziel immer klar vor Augen (E)

Wie immer bei solchen Psychotests zählen Sie nun die Anzahl der verschiedenen Buchstaben zusammen. Derjenige, der am häufigsten vertreten ist, repräsentiert Ihren Motivationstyp. Schauen wir uns nun an, welche Motivationstypen sich hinter den einzelnen Buchstaben verbergen und vor allen Dingen, wie diese Menschen agieren sollten, um den Ausstieg aus ihrem Funktionskäfig zu schaffen.

Was macht den Machttyp mächtig?

Wenn Sie zu den Lesern gehören, die bei diesem Quicktest die meisten Markierungen bei dem Buchstaben »A« vorgenommen haben, dann ist der dominante Teil Ihrer Persönlichkeit der Machttyp. Bevor Sie jetzt sofort denken: »Oh, zum Glück trifft das nicht auf mich zu«, erinnern Sie sich bitte an Kapitel sechs: Mächtig zu sein bzw. Macht zu haben ist absolut nichts Schlechtes. Den unangenehmen Beigeschmack hat sie nur, weil jeder von uns Menschen kennt, die – in der Politik, in der Wirtschaft oder im Showbusiness, aber auch im ganz »normalen« Umfeld – ihre Macht permanent demonstrieren oder gar missbrauchen.

Ich schicke das einfach schon einmal voraus, denn in keinem meiner Firmentrainings möchte sich jemand öffentlich dazu bekennen, dass er gerne Macht ausübt. Dabei ist das eigentlich unnötig, denn dieser Typ ist sowieso, wie der Beziehungstyp übrigens auch, auf hundert Kilometer leicht zu identifizieren.

Es ist aber auch noch aus einem anderen Grund unnötig: Macht ist notwendig – um wirklich Großes zu bewegen, um Widerstände überwinden zu können und sich zu trauen, Grenzen zu sprengen, um Projekte anzuschieben, sie zu Ende zu bringen, dafür Sorge zu tragen, dass Unternehmen wachsen und Gewinne generieren. Jeder, der einen Machttyp als Chef hat, kann sich glücklich schätzen, denn dann werden Entscheidungen schnell getroffen. Daran hapert es nämlich häufig in Unternehmen. Auch schafft er es, Mitarbeiter und Kollegen für Projekte zu gewinnen. Natürlich währt das Glück nur unter der Prämisse, dass sich die bei diesem Typ Chef meist ebenfalls vorhandenen narzisstischen Züge in gesunden Maßen bewegen. Im Privatleben zeigen sich die Machttypen oftmals als fürsorgliche Familienmenschen, die Himmel und Hölle in Bewegung setzen, damit es ihren Lieben gut geht. Das gilt übrigens gleichermaßen für männliche wie für weibliche.

Aushalten müssen sie bestenfalls Kritik, die vorzugsweise von einem Beziehungstyp kommt. Der äußert dann schon mal, mehr oder weniger offen, seinen Missmut:

- Immer ist Peter der große Bestimmer. Egal, was unsere Clique sich vornimmt, Peter ist sofort dabei, alles zu organisieren.

- Manchmal geht mir die Natascha auf den Geist. Man hat das Gefühl, sie hat die Weisheit mit Löffeln gefressen.
- Muss sich Martin eigentlich immer so in den Vordergrund stellen?
- Wie schafft es Olaf nur immer wieder, seine Pläne durchzuboxen? Denkt der eventuell auch einmal an andere?

Wahrscheinlich ist es für Sie nicht verwunderlich, wenn ich Ihnen sage, dass auch gerade die Machttypen sehr anfällig dafür sind, in einem Funktionskäfig zu landen. Höher, weiter, schneller, ohne Rücksicht auf Verluste, das könnte einer ihrer Antreiber gewesen sein, wenn sie sich dort verfangen haben. Denn was ihnen manchmal fehlt, ist die Fähigkeit, andere mit ins Boot zu holen, von deren Fertigkeiten Gebrauch zu machen und sich auch mal hinterfragen zu lassen. Getrieben von dem Wunsch, möglichst rasch ein Ergebnis zu erzielen, das sie sich auf die Fahne heften können, preschen sie gern im Alleingang davon, wenn nicht sofort tüchtige Mitstreiter zur Verfügung stehen. So verlieren sie den Kontakt zu den Kollegen. Lässt dann irgendwann ihre Kraft nach, ist der freie Fall vorprogrammiert. Das sind zumindest meine Beobachtungen bei meinen Burn-out-Kandidaten. Wenn Sie sich als eingefleischter Machttyp für den Gedanken begeistern können, zukünftig nicht mehr bevorzugt alleine zu gehen, sondern Ihr Netzwerk und Ihre guten Beziehungen zu nutzen und wertzuschätzen, dann sind Sie auf dem besten Wege, wirklich mächtig zu werden.

Wie lernt ein Ordnungstyp zu vertrauen?

Kommen wir nun zu den Lesern, die am häufigsten die B-Aussagen angekreuzt haben. Das sind die Ordnungstypen. Man findet sie gerne und oft in Verwaltungsgebäuden, in Steuerkanzleien, in Anwaltsbüros, in Wirtschaftsprüfungsgesellschaften, in Unternehmensberatungen und beim Finanzamt. Aber natürlich gibt es auch in vielen anderen Berufsgruppen Menschen, deren Welt in Ordnung ist, wenn alles seine Ordnung hat. Ihnen kann man blind vertrauen, sie kontrollieren alles mehrmals, bevor sie etwas aus der Hand geben, und ihre Wohnungen und Häuser sind in der Regel picobello aufgeräumt. So richtig in Fahrt kommen sie, wenn alles wie am Schnürchen in einer vorher festgelegten Reihenfolge abgearbeitet wird. Sie erstellen eine Jahres-, Monats- und Tagesagenda und ihr Glück ist vollkommen, wenn alles nach Plan läuft.

Kein Wunder, dass sie aus dem Gleichgewicht geraten, sobald sich Unordnung in ihr Leben schleicht. Oder wenn sie einen Kontrollverlust erleiden. Schlimmer noch ist es, wenn kreative Chaoten ihre Welt ins Wanken bringen. (Sie fragen sich gerade, warum ich mich in dieser Welt mehr als gut auskenne? Weil ich mit einem Ordnungstyp verheiratet bin – wenngleich nicht mit einem reinrassigen, denn er trägt auch eine gehörige Portion Leistungsanteile in sich. Am Ende des Buches verrate ich Ihnen, zu welcher Kategorie ich gehöre, falls Sie es nicht eh schon ahnen.) Ihre größte Herausforderung aber ist es, loszulassen und darauf zu vertrauen, dass ihr Leben schon seinen rechten Gang geht. Aus diesem Grund habe ich für diejenigen unter Ihnen, die sich bei obiger Beschreibung angesprochen fühlen, eine einfache Vertrauensübung entwickelt:

Nutzen Sie einen Urlaubs- oder Überstundentag dafür, um ohne ein bestimmtes Ziel im Kopf zum Bahnhof zu fahren. Entscheiden Sie spontan, während Sie auf die Anzeigetafel der nächsten Abfahrten schauen, für welche Stadt im näheren Umfeld Sie ein Ticket lösen wollen. Dort angekommen, lassen Sie sich ohne Stadtplan und GPS einfach treiben. Seien Sie neugierig, wohin Ihr Leben Sie führen möchte. Nehmen Sie die Umgebung bewusst wahr und registrieren Sie, welche Möglichkeiten sich bei Ihrem Tagesausflug für Sie auftun. Am Abend treten Sie wieder die Heimreise an, und wenn der Kurztrip Sie inspiriert hat (was unter Garantie der Fall sein wird!), dann wiederholen Sie die Übung bei nächster Gelegenheit. So lernen Sie nicht nur die Gegend von einer anderen Seite kennen, sondern – viel wichtiger – auch sich selbst. Je öfter Sie sich dafür entscheiden können, spontane und flexible Momente in Ihren Tagesablauf einzubauen, desto mehr Freiheit werden Sie erfahren. Wenn Sie Ihre persönliche Ordnung durch Flexibilität, Spontaneität und Akzeptanz des Ungewöhnlichen anreichern, bannen Sie die Gefahr, dass Sie zukünftig wieder in einem Funktionskäfig landen.

Kontrolle ist nicht alles

Eng verwandt mit der Ordnungsliebe ist das Bedürfnis nach Kontrolle. Es ist nicht so, dass es grundsätzlich schlecht ist, aber wie für vieles andere gilt auch hier: Die Menge macht das Gift. Sobald sich das Kontrollbedürfnis zu einem Kontrollwahn oder einer Kontrollwut entwickelt, wird's kritisch, denn ein Übermaß dieses Verhaltens bringt Sie selbst und vor allen Dingen Ihre Umgebung schnell in Stress. Ein Kennzeichen des Kontrollwahns ist nämlich das Agieren aus der erzieherischen Position des Eltern-Ichs. Wer sie einnimmt, spricht mit einer strengen Stimme, die Mundwinkel hängen nach unten, die Stirnfalte springt einem fast entgegen und mindestens ein Finger zeigt auf den Gesprächspartner. Möchte man nicht sofort um Jahre älter aussehen, sollte man diese nicht gerade sympathisch wirkende Haltung tunlichst vermeiden. Das Geld für die teuren Anti-Aging-Cremes kann man sich dann getrost sparen.

Aber das ist natürlich alles ganz leicht dahergesagt. Wäre es so einfach, aus so einem Verhalten auszusteigen, wären mit Sicherheit mehr Menschen dazu bereit. Doch meistens liegt bei diesem Phänomen eine Übersprunghandlung vor, die ihren Ursprung in der Kindheit hat. Birgit beispielsweise ist eigentlich eine sehr nette und freundliche Person, man darf nur nicht mit ihr in einem Raum eingesperrt sein, wenn ihr Kontrollmechanismus anspringt. Dann wird es ungemütlich. Kennt man ihre Familiengeschichte, wird einem schnell klar, warum sie sich manchmal so kontrollwütig verhält. Aufgewachsen ist sie mit einem patriarchalisch auftretenden Vater, in einer ländlichen Umgebung, in der die Meinung der Nachbarn einen hohen Stellenwert hatte. Nichts sollte Anlass zu irgendwelchen Tratschereien bieten. Und so entschied sie sich schon früh, sich den strengen und engen Gepflogenheiten anzupassen, da die andere Option – gegen Konventionen zu rebellieren – nicht die ihre war. Sie beobachtete sich genau, hielt sich exakt an die vorgegebene Norm. So ist es bis heute geblieben: Kein Haar entfernt sich ungefragt aus ihrer Frisur. Niemals überlässt sie ihre Outfits dem Zufall. Ein Stilberater würde sich die Zähne an ihr ausbeißen, da sie ihn mit ihrem Wissen über Farbzusammenstellungen an die Wand reden würde. Überpünktlich liefert sie ihre zu erledigenden Aufgaben ab, und es versteht sich von selbst, dass sie spätestens fünf Minuten vor jeder Verabredung vor Ort ist. Nachdem Birgit sich dazu durchgerungen hat, die Schleier der Vergangenheit zu lüften und nicht mehr davor wegzulaufen, was alles dabei zutage kommen könnte, wird sie von Tag zu Tag lockerer. Auch hat sie ganz bewusst und in kleinen Schritten angefangen, einmal fünf gerade sein zu lassen. Keine Frage: Sie hat noch einen längeren Weg vor sich, aber das Licht am Ende des Tunnels ist schon sichtbar.

Für alle diejenigen, die sich bei dieser Geschichte berührt oder erkannt fühlen und auch etwas ändern möchten, gibt es noch ein paar Zusatztipps, um den Kontrollwahn hinter sich zu lassen:

- Halten Sie es einmal zwei Tage aus, Ihre Wohnung nicht aufzuräumen.
- Nutzen Sie Ihr Handy nur kurz morgens und einmal abends, um eingehende Nachrichten zu checken.

- Beantworten Sie nicht so dringliche Mails erst einen Tag später.
- Nehmen Sie täglich Begriffe wie Leichtigkeit, Zuversicht, alles zu seiner Zeit, das ist jetzt egal, Entspannung, Ruhe, wird schon passen, ich lass das jetzt so, alles wird gut, Weite usw. in Ihren Wortschatz auf, um Ihre Anspannung zu lockern.
- Entfernen Sie im Gegenzug Begriffe wie Regeln, Kontrolle, das gehört sich so, was sagen die Leute, müssen, sollen, geht nicht, glaube ich nicht, Struktur, Disziplin, Enge.

Wenn Sie Lust dazu haben, können Sie eine Weile Ihre Sprachgewohnheiten beobachten. Sie werden feststellen, dass Sie sich unbewusst durch bestimmte Wörter und Formulierungen entweder in einem kleinen oder größeren Lebensradius bewegen.

Wie gelingt es einem Beziehungstyp, auch mal an sich zu denken?

Dieses Unterkapitel richtet sich speziell an die Leser, die im Quicktest am häufigsten Aussagen aus der Kategorie »C« angekreuzt haben: an die Beziehungstypen. Sie arbeiten am liebsten im Team, kümmern sich um andere, unterstützen sie, fühlen mit, können gut zuhören, sind hilfsbereit, haben einen ausgesprochenen Gerechtigkeitssinn, nehmen sich alle Zeit der Welt für andere und wünschen sich aus tiefstem Herzen, dass es all ihren Lieben gut geht. Jeder möchte mit ihnen befreundet sein, da sie verlässliche

Weggefährten sind. Ihre Beziehungen stellen sie über alles, ihre Kernfamilie ist ihre wichtigste Schaltzentrale.

Eigentlich müssten diese Menschen die glücklichsten überhaupt sein, denn sie pflegen und schätzen ihre guten Beziehungen und haben meist ein riesiges Netzwerk von Vertrauten und Freunden, für die sie sich einsetzen und kämpfen, wenn einer von ihnen Sorgen und Nöte hat. Leider vergessen sie dabei zu oft, sich um sich selbst zu kümmern. Ihr Lebenscredo lautet nämlich: »Erst kommen die anderen, dann komme ich.« Das ist zwar eine mehr als edle Einstellung, günstiger wäre es aber, erst für sich zu sorgen, damit sie überhaupt über die Ausdauer und Kraft verfügen, die sie beim Einsatz für andere brauchen. Diese »Fehlschaltung« im System dieser Menschen ist es auch, die dazu führt, dass sie irgendwann unter den Lasten, die sie sich aufgeladen haben, zusammenbrechen – umso mehr, wenn sich zu ihren stark ausgeprägten Beziehungsanteilen auch noch Leistungsanteile gesellen.

Meine Kundin Eva ist so ein Fall. Als Gruppenleiterin in der Serviceabteilung einer Versicherung führt sie ein Team von zwanzig Mitarbeitern. Sie ist wahnsinnig beliebt, da sie versucht, auf alle einzugehen und wenn irgend möglich auch deren Wünsche zu berücksichtigen. So hat sie letztes Jahr schon mehrmals ihren Urlaub verschoben, damit ihre Mitarbeiter zeitlich nicht eingeschränkt waren. Auch bei plötzlich auftretenden Schwierigkeiten im familiären Umfeld einiger Mitarbeiter steht sie immer mit Rat und Tat zur Seite. Eines Tages kam es, wie es kommen musste, sie klappte zusammen. Sie hatte nicht registriert (oder nicht registrieren wollen), wie viel Kraft und Energie sie durch diese permanente Fürsorge für andere verloren hatte. Und die brauchte sie schließlich, um ihre Arbeit zu bewältigen. Viel gutes Zureden war nötig, um sie davon zu überzeugen, wie wichtig es war, dass sie an ihrer Einstellung etwas änderte und sich endlich auch um sich selbst kümmerte.

Würden die Beziehungstypen nur bemerken, wie oft ihre Gutmütigkeit und die Tendenz zur Selbstaufgabe von anderen ausgenutzt werden, wären sie eventuell eher bereit, ihr Verhalten zu korrigieren. Damit es Ihnen leichter fällt, zukünftig gut für sich zu sorgen, zähle ich jetzt ein paar Punkte auf, die Sie verinnerlichen sollten:

- Wer sich um sich kümmert und für sich sorgt, wird kraftvoller.
- Mit diesem Mehr an Kraft kann man mehr für sich und andere durchsetzen.
- Erfahrungen sind dazu da, um daran zu wachsen. Deswegen sollte man jedem die Chance dazu geben.
- Wer sich selbst im Blick behält, ist nicht so leicht angreifbar.
- Es ist wichtig, Grenzen zu setzen, damit man nicht über den Tisch gezogen wird.
- Wer sein Unterscheidungsvermögen schult, der fällt nicht mehr auf Trittbrettfahrer und Ausnutzer herein.
- Sich selber wichtig zu nehmen bedeutet nicht, blind zu sein für die Bedürfnisse der anderen.

Fassen wir nochmal zusammen: Sie stehen Ihrem engsten Freundeskreis Tag und Nacht für sämtliche Belange zur Verfügung. Niemals werden Sie müde, sich zum gefühlt hundertachtzigsten Mal die Klagen Ihrer Freundin Alice anzuhören. Sie helfen und unterstützen, wo Sie nur können. Sie haben Verständnis, wo man besser keins mehr haben sollte. Anstatt einmal einer Standardopferheulsuse das Wort zum Sonntag zu predigen, warten Sie mit Mitleid auf. Überlegen Sie, warum das wohl so ist. Wurden Sie schon als Kind in eine Kümmererrolle gedrängt? Oder haben Sie sie sich angeeignet, um von allen akzeptiert zu werden und sich unersetzlich zu machen? Was auch immer dazu geführt hat, dass Sie in einem Funktionsgefängnis gelandet sind: Befreien Sie sich daraus!

Damit Ihnen das gelingt, sollten Sie sich auf eines Ihrer Herzensprojekte konzentrieren, das Sie jahrelang vernachlässigt haben. Sich darum zu kümmern wäre eine wunderbare Aufgabe und ein sehr probates Mittel, um wieder in Ihrem eigenen Leben anzukommen. Beginnen Sie am besten gleich damit!

So wird ein Harmonietyp durchsetzungsstark

Wem Beziehungen wichtig sind, der ist fast immer auch auf Harmonie bedacht. Er vermeidet Auseinandersetzungen und Streit und geht daher nach Möglichkeit jedem Konflikt und jedem Ärger aus dem Weg – und schafft damit die beste Voraussetzung für ein Leben im Funktionsmodus. Doch obwohl ich eine starke Befürworterin davon bin, immer erst in der Innenwelt aufzuräumen, bevor man im Außen etwas verändert, rate ich hier zu der umgekehrten Vorgehensweise. Menschen, die extrem auf Harmonie bedacht sind, fehlt meist eine gesunde Portion Selbstvertrauen. Was liegt also näher, als einen Kurs in Selbstverteidigung, Kickboxen oder Karate zu belegen? Indem Sie lernen, sich auf Ihren Körper zu konzentrieren und ihn gegen Angriffe zu schützen, werden Sie (durchsetzungs-)stark, denn Sie wissen genau: Im Ernstfall oder gar in einer Notsituation dürfen Sie die Auseinandersetzung nicht scheuen, am Ende zählt nur: ich oder der andere.

Haben Sie durch das sportliche Training den Startschuss dafür gegeben, sich verteidigen zu können (und zu wollen!), ist der nächste logische Schritt, sich auch in schwierigen verbalen Auseinandersetzungen zu üben. Zunächst im Trockentraining. Da bietet sich bestimmt eine Freundin, ein Freund oder der Partner an. Themen gibt es schließlich genug, über die sich kontrovers diskutieren und trefflich streiten lässt. Gehen Sie ruhig auch in Gedanken Situationen aus der Vergangenheit durch, bei denen Sie aufgrund Ihres allzu großen Harmoniebedürfnisses klein beigegeben, nichts gesagt oder gar gegen Ihre Überzeugung Ihrem Gesprächspartner recht gegeben haben. Und dann spielen Sie diese Situationen so lange nach, bis Sie mit Ihrer Reaktion zufrieden sind.

Wie bringt ein kreativer Typ Struktur in sein Leben?

Seit ich mit ausgebrannten oder erschöpften Menschen arbeite, war noch niemals jemand dabei, dessen dominanter Antreiber die Kreativität ist. Wer bei dem Quicktest die meisten Markierungen oder Kreuze an die Aussagen der

Kategorie »D« gesetzt hat, bewegt sich also auf sicherem Terrain und ist, sofern er zu den reinrassigen Exemplaren seiner Spezies gehört, relativ immun gegen ein Abrutschen ins Funktionsgefängnis. Fast könnte man meinen, dass es für Menschen, die über eine nie versiegende Ideenquelle und eine so blühende Fantasie verfügen, dass sie oft genug in imaginären Welten unterwegs sind, schwer ist, hier auf der Erde auszubrennen. Dieser Motivationstyp ist mutig, unabhängig, ihm ist es egal, wenn seine Aussagen nicht jedem gefallen, er schert sich wenig um Konventionen und ist schnell bereit, den Ort zu verlassen, der ihm nicht guttut. Viele sogenannte Nerds aus der Computer- und Internetwelt gehören dieser Gruppe an.

Solange die Ideen und Arbeitsergebnisse von Erfolg gekrönt sind, scheint die Kreativen nichts und niemand aufhalten zu können. Wenn der Erfolg aber ausbleibt, dann wird es – speziell im beruflichen Kontext – für diese Menschen herausfordernd eng. Allein schon durch ihre Art, sich viel herauszunehmen, übrigens auch bei ihren Vorgesetzten, provozieren sie förmlich die angepasste Restmeute, die interessiert beobachtet, wie sie den Kopf wohl wieder aus der Schlinge ziehen. Die Schattenseite der Kreativen, wie sollte es anders sein, ist ihr Hang zum Chaos. In dieser Lücke sind sie von jedem zu fassen, der es darauf anlegt, in Konfrontation mit ihnen zu gehen. Diese Chance lassen sich vor allem die Machttypen, wie wir weiter vorn gesehen haben, selten entgehen. So wäre ein kreativer Typ gut beraten, wenn er ein wenig Struktur in sein Leben bringen würde. Aber wie stellt er das nach jahrelangem Schweben in anderen Sphären an?

Vergleichen kann man diese Herausforderung mit jemandem, der sein Leben bis jetzt auf den Fidschi-Inseln verbracht hat und nun nach Detroit verfrachtet wird, um dort zu arbeiten. Das wird eher schwierig. Allein der Vorschlag, doch einmal einen Kurs in Projektmanagement oder Organisation zu absolvieren, bringt einen Kreativen fast um den Verstand. Also müssen wir uns etwas anderes einfallen lassen. Wie wäre es, wenn wir der Struktur kreativ begegnen? Eine Agenda muss nicht unbedingt in einer Excelliste oder einem komplexen Time-System angelegt werden. Man kann sich auch mit bunten Filzstiften auf einem großen DIN-A3-Blatt seine Termine notieren. Einige meiner kreativen Autoren, die ich im Training begleitet habe, arbeiten gerne mit Bildercollagen, um sich zu disziplinieren, ihre Manuskripte zum festgelegten Abgabetermin fertig zu bekommen. Verbinden Sie also Ihre kreative Ader mit den nützlichen Werkzeugen einer modernen Organisation. Dann sind Sie in jedem Fall auf der sicheren Seite.

Wären dann noch die nicht immer sonderlich diplomatischen Kommentare, die Sie in den Griff bekommen sollten. Da werden Sie um ein kleines Rhetoriktraining nicht herumkommen. Wie schon bei vielen vorangegangenen Übungen treffen wir auch hier wieder auf den berühmtberüchtigten Code: üben, üben, üben. Sich neue Redewendungen und Formulierungen zu überlegen ist übrigens ein sehr kreativer Prozess! Der kann sogar Spaß machen! Mit Wörtern und Pointen zu jonglieren und sie situationsgerecht einzusetzen, erweitert das persönliche Handlungsspektrum ungemein. Wer diese beiden Lektionen intus hat, kann kreativ bleiben, ohne sich verbiegen und funktionieren zu müssen. Automatisch verringert man seine potenzielle Angriffsfläche, und die Gefahr, dass man in Stress geraten könnte, wird immer kleiner.

Wird ein Leistungstyp jemals abschalten können?

Alle Leser, die zur Kategorie Leistungstyp gehören, haben mindestens die letzten beiden Typen lediglich quergelesen, da ihnen bewusst war, dass sie zur Rubrik »E« in unserem Quicktest gehören. Das allein erklärt schon, wie sie ticken: Sie handeln schnell und sind wahnsinnig ungeduldig. Für sie zählt nur das Ergebnis, daher kommen sie sofort auf den Punkt (was andere oft vor den Kopf stößt), und im Kritisieren sind sie wahre Weltmeister. Wenn ein Projekt fertiggestellt wurde, ist das nächste schon längst in Angriff genommen. Sie rennen, sie hetzen, sie erledigen mehrere Dinge gleichzeitig, ihr Verstand läuft andauernd auf Hochtouren und sie haben die Konkurrenz immer im Visier. Kein Wunder also, dass diese Typen von allen unseren Grundmotivationstypen am anfälligsten dafür sind, in einem Funktionsgefängnis (oder im Burn-out) zu landen.

Hier ist der Leistungstyp gezwungen, in die Ruhe zu kommen. Sein Körper hat die klare Botschaft ausgesendet: »Ab heute bitte ohne mich.« Er ist in diesem Punkt nicht zimperlich. Wenn es ihm reicht, dann reicht es ihm eben. Das Gute an extrem leistungsorientierten Menschen ist, dass sie alles verstehen müssen, bevor sie es umsetzen. So ist es eigentlich ein Leichtes, ihnen in ihre Agenda Kurse einzuschmuggeln, die sich mit Themen wie Achtsamkeit und Bei-sich-Ankommen beschäftigen. Denn auch sie lieben es, eine Agenda abzuarbeiten. Weil ihr Verstand ständig auf Hochtouren läuft und an so vielem interessiert ist, nehmen sie gerne die Informationen über eine gesündere Lebensführung auf und setzen auch Teile davon schnell um. Aber eben mit dem Verstand. Und damit beginnt das Dilemma.

Es wäre ja auch wirklich zu schön, wenn man nur gemütlich auf einem Sessel sitzend die Wörter »Ruhe« und »Frieden« fünf Mal laut vor sich hin sagen müsste, und schon würde sich mit sofortiger Wirkung Entspannung einstellen. Dann gäbe es niemanden mehr, der sich mit Überforderungssymptomen auseinandersetzen müsste, denn dieses Miniritual würde nun wirklich jeder von uns leicht hinbekommen. Weil es aber leider nicht so funktioniert, sollte der Leistungstyp der Frage, warum er so furchtbar angetrieben durch sein Leben spurtet, unbedingt auf die Spur kommen. Denn nur wenn er diesen Knopf oder Auslöser gefunden hat, hat er überhaupt eine Chance, in die Entspannung zu kommen. Je rastloser er ist, desto weniger wird ihm das gelingen. Und schon gar nicht schnell. Da er gewohnt ist, ergebnisorientiert vorzugehen, sollte er also im fortgeschrittenen Stadium des Ausgebranntseins professionelle Hilfe in Anspruch nehmen – bei Psychologen, Coaches oder Emotionstrainern. Sie können ihm am ehesten sagen, was in seinem Arbeitsalltag er wie ändern kann. An dieser Stelle schon mal mein Tipp: Treiben Sie Sport, der Sie entspannt, treffen Sie sich mit Menschen, die Ihnen guttun, nehmen Sie sich Zeit für kulturelle Highlights oder lassen Sie in einer schönen Gegend die Seele baumeln. Sie wissen genau, wie das geht, Sie müssen es nur tun! (Apropos professionelle Hilfe: Das erinnert mich ein bisschen an unsere veraltete Elektrik im Haus. Bis jetzt haben wir trotz intensiver Suche noch nicht den Grund dafür gefunden, warum seit Kurzem bei Regen unsere Sicherung im Keller jedes Mal durchknallt. Eigentlich kann es nur an einer undichten Stelle in Haus, Hof oder Garage liegen, doch diese Stelle ausfindig zu machen, artet zu einer Sisyphusarbeit aus. Vielleicht, so meint zumindest mein angeheirateter Ordnungs-Leistungstyp, sollten wir uns doch mal an einen Fachmann wenden …)

Kann ein Perfektionist locker werden?

Es ist wenig erstaunlich, dass jemand, der der Leistung einen hohen Stellenwert beimisst, oft auch einen starken Hang zum Perfektionismus hat. Ich könnte es mir daher an dieser Stelle sehr einfach machen und die in der Überschrift gestellte Frage mit einem schlichten »Nein« beantworten. Da wäre ich schön aus dem Schneider. Aber es wäre sehr unfair, denn leider sind die meisten Menschen, die sich ein Funktionsgefängnis im Inneren gebaut haben, Perfektionisten. Also müssen wir nach einer Lösung suchen.

Die Erkenntnis, dass die deutsche Mentalität von Ordnung, Leistung und Perfektion geprägt ist und wir deswegen alle irgendwie ein bisschen perfekt sind, bringt uns jedenfalls nicht weiter. Bei meinen Firmentrainings habe ich nämlich Menschen unterschiedlichster Nationalitäten getroffen, die es in puncto Perfektion locker mit uns Deutschen aufnehmen können. Der eine hatte einen Bandscheibenvorfall, die Nächste litt unter Migräneattacken, wieder ein anderer war in psychologischer Behandlung. Sie alle machten sich mit den hohen Anforderungen, die an sie gestellt wurden und – vor allem – die sie an sich selbst stellten, einen enormen Stress. Ihre Chefs waren sich einig, dass sie mit ein bisschen Mehrarbeit schon klarkommen würden. Vielleicht wären sie ja auch klargekommen. Aber ihr Perfektionismus machte ihnen hier einen Strich durch die Rechnung.

Ich glaube, Sie wissen, worauf ich hinausmöchte. Wer zu perfektionistisch ist, der wird in der Arbeitswelt nicht glücklich werden. Die wirtschaftlichen, politischen, globalen und ökonomischen Randbedingungen haben sich in den letzten Jahren so verändert, dass es schwer, wenn nicht gar unmöglich ist, in kürzerer Zeit ein größeres Arbeitsvolumen zu bewältigen und dabei keine Abstriche bei der Perfektion zu machen. Das bekommen gerade einmal ein paar mittelständische Unternehmen hin, die weitsichtig genug waren, sich so aufzustellen, dass es ihnen bis heute gelingt, qualitativ hochwertige Ware zu produzieren. Jeder, der mit Großkonzernen arbeitet, weiß, dass dies dort kaum möglich ist. Verstehen Sie mich nicht falsch. Ich rufe nicht dazu auf, dass Sie von Ihrem Qualitätsanspruch abweichen sollen. Es muss eben einfach nur machbar sein.

Mein Rat an Sie ist deshalb: Leben Sie Ihren perfektionistischen Anteil bei Arbeiten aus, bei denen die Chance auf Erfüllung Ihres Anspruchs gegeben ist. Am allerliebsten wäre mir, Sie würden diesen Anteil dazu nutzen, um eine Entspannungstechnik perfekt auszuüben oder Ihre Urlaube perfekt zu planen. Dann hätten wir gleich zwei Fliegen mit einer Klappe geschlagen. Sie dürfen perfekt agieren und erlernen gleichzeitig eine Technik, die Ihnen dabei hilft, locker zu werden. Was meinen Sie: Wäre das ein Deal?

Nichtdestotrotz gilt es auch bei diesem Motivationsantreiber, in die Ursachenforschung einzusteigen. Denn ein zu perfektionistisches Verhalten hat immer etwas mit einem Übersprungverhalten zu tun. Es zeigt sich, wenn man verhindern möchte, dass sich ein alter Schmerz in das Tagbewusstsein schleicht. Wenn man sich nachhaltig davon befreien will, bleibt einem nichts anderes übrig, als einen Experten aufzusuchen, der unterstützend zur Seite steht.

Was hilft einem Skeptiker, an das Gute zu glauben?

Menschen, deren Innenwelt von einem Skeptiker regiert wird, haben's nicht leicht. Alles und jeden permanent in Frage zu stellen, kann ganz schön anstrengend sein. Den Glauben an günstige Fügungen tun sie als kompletten Humbug ab, und selbst wenn sie einiges an ihrem Leben auszusetzen haben, möchten sie im Grunde ihres Herzens nicht wirklich, dass sich etwas ändert, denn irgendwie hat ja alles seine Ordnung. Lieber schimpfen und debattieren sie, um sich in zahlreichen Endlosschleifen zu verlieren. Meistens fällt ihnen gar nicht auf, dass sich immer weniger Menschen zur Verfügung stellen, um sich ihre Argumente und Schwarzmalereien zu den verschiedenen Themen dieser Welt anzuhören.

Ich bin mir sehr sicher, dass sich unter den Lesern dieses Buchs kein Skeptiker befindet, da er eine solche Lektüre als sinnlos erachten würde. Aber Sie wollen ja wissen, wie Skeptiker ticken. Bestimmt ahnen Sie schon, dass es fast keinen Skeptiker gibt, der nicht in einem Funktionskäfig sitzt. Es ist nahezu aussichtslos, ihn für Neues zu öffnen. Bestenfalls mit Zahlen, Daten und Fakten ist er zu überzeugen. Skeptiker benötigen Beweise. Ganz viele Beweise.

Eine meiner Kundinnen, die mit einem Vollzeitskeptiker in einem Büro zusammenarbeiten muss, hat einen solchen Beweis erbracht. Da sie die negative Weltsicht ihres Kollegen fast wahnsinnig macht, hat sie eher spaßeshalber vorgeschlagen, einen Vormittag lang ein Aufnahmegerät mitlaufen zu lassen. Erstaunlicherweise (und vermutlich, weil er sich sicher war, dass er nicht das gewünschte »Material« liefern würde) stimmte er zu. Am nächsten Tag bat sie ihn, sich einige aufgenommene Passagen seiner Weltuntergangsparolen anzuhören. Und siehe da: Er gab ihr – in Grenzen – recht. Sich selbst zu hören, ist oft sehr heilsam. Man darf gespannt sein, ob es dauerhaft etwas bewirkt.

Die anstrengendere Variante besteht darin, sich in Ton und Wortwahl dem Skeptiker anzugleichen. Das habe ich neulich einmal bei einem unserer Postbediensteten ausprobiert, der wirklich für jeden Kunden einen ungebetenen Verbesserungsvorschlag in petto hat, der im Grunde eine Maßregelung ist. Offenbar hält er uns alle für Idioten. Jedenfalls habe ich meine Stimme erhoben und mit leichtem Befehlston gesprochen. Was soll ich Ihnen sagen? Plötzlich war er superfreundlich zu mir. Leider hatte ich das bei der nächsten Paketzustellung wieder vergessen und prompt gab es eine neue Maßregelung. Wie gesagt: Es ist eine anstrengende Technik.

Ein Angsttyp kann lernen, mutig zu werden

Wenn jemand in vielen Lebenssituationen zu Ängstlichkeit neigt, dann fehlt ihm meistens eine große Portion Urvertrauen. Dieses Mangelgefühl hat wie viele andere seinen Ursprung in der Kindheit. Kinder, die vernachlässigt worden sind, die einen Elternteil durch Tod oder Scheidung verloren haben, bei denen ein Erziehungsberechtigter von Süchten geplagt war oder die bei psychisch labilen Eltern aufgewachsen sind, haben das Gefühl, ihren Bezugspersonen (und damit ihrer ganzen kleinen Welt) blind vertrauen zu können, nie kennengelernt. In ihrer Innenwelt waren sie immer einsam. Auch »Schlüsselkinder«, deren Eltern tagsüber nicht greifbar waren und die auch sonst niemanden hatten, auf den sie sich bedingungslos verlassen konnten, hatten wenige Möglichkeiten, Urvertrauen zu entwickeln. Urvertrauen aber ist eine wesentliche Voraussetzung für Mut. Und Mut wiederum braucht es, um nachhaltig aus seinem Funktionsmodus aussteigen zu können. Wie kann demnach ein Angsttyp mutiger werden?

Das Urvertrauen, das man im Idealfall als Kind erwirbt, lässt sich nachträglich nicht schaffen. Aber man kann nach einem Ersatz Ausschau halten: einem Menschen, der einen so liebt und annimmt, wie man ist, oder auch einem Tier, das zu einem treuen Begleiter wird. Aus einer solchen Beziehung kann durchaus so etwas Ähnliches wie ein Urvertrauen entstehen. Wichtig ist, dass die Liebe, die man erfährt, auch zurückgegeben wird. Je großzügiger man damit umgeht, desto stärker wird gleichzeitig das Selbstvertrauen, und in dem Maß, wie das Selbstvertrauen wächst, wächst auch der Mut und verschwindet die Angst. Das sind die Schritte:

- Nehmen Sie die Geschenke des Lebens an.
- Beginnen Sie damit, sich selbst zu vertrauen.
- Starten Sie mit kleinen Schritten in ein Terrain, das Ihnen Angst macht.
- Bereiten Sie sich auf diese einzelnen Schritte im Trockentraining gut vor.
- Suchen Sie sich einen Mentor, der Sie wohlwollend begleitet.

Diese Schritte mögen sich einfach und profan anhören, aber für jemanden, der schon sein ganzes Leben von Angst geplagt ist, sind es extrem große Schritte. Da sie nicht delegiert werden können, sondern ganz allein gegangen werden müssen, habe ich großen Respekt vor jedem, der sich dies traut. Alles beginnt mit dem ersten kleinen Schritt. Und vor dem ersten Schritt liegt der Entschluss, etwas in seinem Leben verändern zu wollen. Von dem aufkommenden inneren Widerstand, der sich wie eine große Welle im Inneren gefährlich aufbauen wird, sollte man sich nicht abhalten lassen. Deswegen ist das tägliche Üben essentiell notwendig und erfordert viel Disziplin! Tröstlich dabei ist, dass man in bester Gesellschaft ist, denn allen Menschen in einer vergleichbaren Situation ergeht es ähnlich. Wenn auch Sie ein eher ängstlicher Typ sind, dann schreiben Sie auf, was Sie zu verlieren haben, wenn Sie Ihren ganzen Mut zusammennehmen und in kleinen Schritten den Gang aus Ihrem Angst- und Funktionsgefängnis wagen. Prüfen Sie, welche Voraussetzungen Sie schaffen müssen, um die ersten kleinen Schritte gehen zu können.

Jeder Mensch ist in irgendeiner Form von Ängsten betroffen. Das, was er im Leben erreicht hat, ist nur scheinbar sicher. Tritt eine Veränderung ein, läuft er Gefahr, es zu verlieren. Diese Angst lähmt ihn und hindert ihn, mehr zu wagen. Ängste sind aber vergleichbar mit bösen Geistern, die ihre Kraft sofort verlieren, wenn man sich ihnen in den Weg stellt. Die unzähligen ungefilterten Informationen, die sich über alle Kommunikationskanäle einen Weg in unser Zuhause bahnen, sind solche Geister. Und sie sind oftmals dafür verantwortlich, dass unseren Ängsten die Nahrung nicht entzogen wird – Grund genug nicht nur für ängstliche Menschen, sich so weit wie möglich von manipulierender Außensteuerung fernzuhalten. Finden Sie eine Person, die Sie dabei unterstützt, Schritt für Schritt Ihren Angstkäfig zu verlassen. Schon nach ein paar positiven, mutigen Erlebnissen werden Sie sich freier und selbstbewusster fühlen. Probieren Sie es aus. Dieses Training wird Sie dabei unterstützen, ein autarkes und selbstbestimmtes Leben zu leben.

Epilog

Langsam geht unsere gemeinsame Reise zu Ende. Bestimmt haben Sie in Ihrem Leben schon viele Reisen unternommen und in diesem Zuge Erlebnisse gesammelt, Eindrücke mit nach Hause gebracht, den Horizont erweitert, unbemerkt Einstellungen verändert, zur Ruhe gefunden. Und vielleicht haben Sie sich gedacht: »Das nächste Mal fahre ich besser früher in den Urlaub, bevor ich mit meinen Kräften an meine persönliche Grenze komme.« Unsere Reise hatte kein exotisches oder weit entferntes Ziel. Sie war einzig und allein dafür bestimmt, Ihnen aufzuzeigen, wie Sie zukünftig ein selbstbestimmteres und gelasseneres Leben führen können. Vielleicht konnte ich Sie davon überzeugen, dass ein Leben außerhalb eines inneren Funktionsgefängnisses oder einer Funktionsfalle eine viel größere und bessere Lebensqualität mit sich bringt. Oder auch, dass man nicht aus seinem Leben flüchten muss, um bei sich anzukommen.

Im Gegenteil. Das mit dem Flüchten würde gar nicht funktionieren, denn alle Sorgen, Ängste, Bedenken, Unzulänglichkeiten, beengenden Glaubensmuster und Vorurteile, die man in sich trägt, nimmt man sowieso überallhin mit, egal wohin eine Reise führt. Mir ist bewusst, dass diese gemeinsame Reise für den einen oder anderen Leser in manchen Etappen herausfordernd war – weil wir in Bereiche geschaut haben, die Sie viele Jahre lang bewusst übersehen haben; weil Sie sich dem gestellt haben, was Sie jahrelang gefangen hielt oder in die Enge getrieben hat. Andererseits haben Sie viele gut funktionierende Techniken an die Hand bekommen, die Ihnen bei regelmäßiger Anwendung ein Leben in größerer Freiheit schenken werden.

Habe ich Ihnen noch in Kapitel 6 empfohlen, möglichst viele der täglichen unangenehmen Aufgaben zu delegieren, werde ich das bei der Transformation Ihrer Innenwelt nicht mehr tun. Diesen Prozess können Sie nur alleine durchlaufen. Natürlich mit begleitender Hilfestellung. Gute Freunde, die Eltern, der Partner oder ausgebildete Profis werden Sie bestimmt dabei unterstützen, wenn Sie sich ein paar Themen mehrmals zuwenden müssen. Der Preis des Sichstellens, den Sie dafür in die Waagschale werfen, wird mit großer Sicherheit tausend Mal vergoldet werden. Das ist meine persönliche Erfahrung. Erfolg ersetzt alle Argumente und so sind aus vielen meiner Kunden, die früher ängstlich, schüchtern und fremdbestimmt waren, selbstbestimmte Menschen geworden. Natürlich nicht immer zur großen Freude aller Personen in ihrem Umfeld. Aber alle kann man sowieso nicht glücklich machen. Es wäre fatal, wenn Sie den Schritt aus Ihrem Funktionsgefängnis nicht wagen würden, nur weil die Angst zu groß ist, wie andere darauf reagieren könnten. Machen Sie sich klar: Die Menschen, die Sie so wertschätzen und annehmen, wie Sie sind, werden immer bleiben. Meine Fünf-Sterne-plus-Freunde beispielsweise, die mich seit vielen Jahren auf meinem Lebensweg begleiten, sagen oft zu mir, dass ich mich gar nicht so schrecklich verhalten kann, dass sie mir die Freundschaft irgendwann aufkündigen würden. Das ist wirklich ein wunderbares Geschenk! Man kann es nicht jedem recht machen und es ist vollkommen normal, dass sich der eine oder andere von Zeit zu Zeit aus dem eigenen Lebensradius verabschiedet.

Nicht weil man ein schlechter Mensch geworden ist, sondern weil die gemeinsame Wegstrecke und Lernzeit vorüber ist. So geht dann jeder hoffentlich in einer besseren Version seiner selbst in sein verändertes Leben.

Von ganzem Herzen wünsche ich mir für Sie, dass Sie das Buch dazu anregen wird, aus verschiedenen Mustern, Fallen und Gefühlen auszusteigen, die Sie nicht mehr benötigen. Überprüfen Sie Ihre Sicht auf die Welt und lassen Sie mit Leichtigkeit Ihre Gefühle zu, die Sie vor noch nicht so langer Zeit lieber nicht fühlen wollten. Finden Sie den Mut, Ihre Lebenszügel wieder in die Hand zu nehmen, und akzeptieren Sie, dass nichts und niemand perfekt ist. Lassen Sie zu, dass in Ihrem Leben Wunder geschehen dürfen. Beherzigen Sie die Empfehlungen vieler Wissenschaftler, die sich Tag und Nacht darüber Gedanken machen, wie ein Mensch gesund wird und es auch bleibt. So haben beispielsweise die Chronomediziner schon vor vielen Jahren herausgefunden, dass es für das Gehirn sehr nützlich ist, wenn es nach fünfundvierzig Minuten konzentrierter Arbeit eine kleine Pause bekommt. Manchmal reicht es schon aus, so sagen sie, seinen Arbeitsplatz kurz zu verlassen, um einen Apfel zu essen. Finden Sie heraus, welchem Biorhythmus Ihr Körper folgt, so können Sie Ihre tägliche Agenda nach den Hochleistungsphasen Ihres Gehirns ausrichten.

Stress entsteht im Kopf und die Entscheidung zu funktionieren auch. Bauen Sie zukünftig Souveränitätsrituale, wie Sie sie in diesem Buch kennengelernt haben, in Ihren Tagesablauf mit ein und stellen Sie immer wieder mal Ihren derzeitigen Lebenskurs in Frage. Nicht um ihn umzuschmeißen, sondern nur um zu überprüfen, ob Sie wirklich selbstbestimmt agieren und bewusst Ihr Leben steuern. Wenn Sie so mutig waren, sich Ihren tiefsten Traumata und Ihrem tiefsten emotionalen Bedürfnis zu stellen, um die daraus resultierenden Glücksverhinderungscodes oder Übersprunghandlungen zu entschlüsseln, dann haben Sie nun Werkzeuge an der Hand, die es Ihnen erlauben, auf die meisten der auf Sie zukommenden Situationen angemessen und adäquat zu reagieren.

Neulich erlebte ich eine sehr unangenehme berufliche Situation. Ein leitender Mitarbeiter einer Firma, in der ich Trainingsmaßnahmen durchführen sollte, stellte in unserem ersten Bestandsaufnahmegespräch ausgesprochen infame Behauptungen über meine Berufsgruppe und demzufolge auch über mich auf. Noch vor ein paar Jahren hätte mir dieser Angriff richtig zu schaffen gemacht. Dieses Mal war es anders. So beobachtete ich relaxt, wie der Herr mittleren Alters gerade dabei war, sich um Kopf und Kragen zu reden. Natürlich ließ ich ihn ausreden, um ihm dann zusammenfassend kurz darzustellen, wie sein Verhalten auf andere wirkt. Damit hatte er natürlich nicht gerechnet und so erstickte ich im Keim seine Idee, mit mir in Konkurrenz gehen zu müssen oder in einen Kampf um die Macht. Was ich damit sagen möchte: Da ich seit Jahren alles das brav anwende, was ich in diesem und auch in meinen anderen Büchern beschreibe, ist es für mich heute ein Leichtes, souverän und selbstbestimmt in fast allen Lebenslagen zu agieren. Warum sollte Ihnen das nicht auch gelingen?

Die deutsche Schauspielerin Iris Berben sprach neulich in einem Interview darüber, dass sie sehr gut damit leben kann, dass sie anstrengend wirkt und es auch ist. Ja, und darum geht es letztendlich: Wir sollten mit uns selbst auskommen wollen und können. Da Sie nun wissen, welcher Motivationstyp bei Ihnen die Hauptrolle spielt, und Sie nun wie bei einem Schachspiel Ihre verschiedenen Anteile in der Innenwelt günstig oder weniger günstig positionieren können, werden Sie es schaffen, aus Ihrem Funktionsgefängnis auszubrechen und auch nie mehr in eines hineinzugeraten.

Ich hoffe, Sie haben während der Reise in Ihre fernen und doch so nahen Innenwelten neue Erkenntnisse gewonnen und wissen nun, was Sie tun müssen, um selbstbewusst leben zu können. Jedenfalls freue ich mich, von Ihren erfolgreichen Gefängnisausbrüchen zu hören, und natürlich freue ich mich auch, wenn Sie das Buch bei Amazon bewerten. All die Leser und Leserinnen, die es noch nicht kennen, aber kennenlernen möchten, werden es Ihnen danken.

Ihre Diana Dreeßen

Dank

Dankbar bin ich für meine vielen treuen Leser, die täglich mehr werden, meine ganze Armada von Fünf-Sterne-plus-Freunden und natürlich für meine wunderbare Familie. Ganz besonders bin ich dankbar für meinen Ehemann Detlev, mit dem ich ein sehr schönes Leben führen darf. Um mich herum tummeln sich so viele Herzensmenschen, dass ich manchmal abends im Bett liege und einfach nur glücklich bin. Zu wissen, dass egal was passiert, immer jemand da ist, den man anrufen kann und der gleich alles stehen und liegen lässt, das ist wirklich traumhaft. Deswegen würde es fast das Buch sprengen, wenn ich alle Namen dieser Menschen aufzählen würde, und die Gefahr, dass ich dabei jemanden vergesse, die möchte ich erst gar nicht eingehen. Besonders, wie soll es anders sein, danke ich aber meiner Lektorin Rosemarie Mailänder, dass sie mit einer gelegentlich machtvollen, kreativen und leistungsbesessenen Chaotin so viel Geduld hat.

Weiterführende Buchtipps

Allione, Tsültrim: Den Dämonen Nahrung geben. Arkana 2015

Chopich, Erika J., Margaret Paul: Aussöhnung mit dem inneren Kind. Ullstein 2009

Chu, Victor: Die Kunst, erwachsen zu sein. tredition 2014

Jacobsen, Olaf: Ich stehe nicht mehr zur Verfügung. Windpferd 2007/2016

Schober-Howorka, Jasmin: Familienstellen und karmische Verstrickungen. Schirner 2016

Spezzano, Chuck: Leben in emotionaler Freiheit. Via Nova 2015